Andreas Austilat · Günther Bellmann · Michael Winteroll

TAGESTOUREN UM BERLIN

Ausflüge ins Umland – Band 2

Andreas Austilat · Günther Bellmann · Michael Winteroll

TAGESTOUREN UM BERLIN

Ausflüge ins Umland – Band 2

Herausgegeben von Andreas Austilat

nicolai

Bildnachweis

A. Austilat: S. 28, 109
G. Bellmann: S. 35, 61, 62, 73, 99, 115, 124
Fotostudio Böttcher: Umschlag
T. Heimann: S. 91
K.-B. Kertscher: S. 5
M. Winteroll: S. 14, 17, 23, 39, 51, 55, 65, 77, 83, 87, 118, 129

Karten

© Argon S. 30, 95
Anna Kroupa & Fabian Bartel
(Tagesspiegel/Infografik): S. 18, 45, 68, 94, 126
Pieper-Meyer (Tagesspiegel/Infografik): S. 56, 130

9., überarbeitete Auflage 2002

Satz und Repro: LVD GmbH, Berlin
Druck und Bindung: Clausen & Bosse, Leck
ISBN 3-87584-133-6

INHALT

ZUR AKTUALISIERTEN NEUAUFLAGE

Dies ist ein Reiseführer der etwas anderen Art. Einer, der nicht bloß in knappen Worten Sehenswürdigkeiten abhakt, sondern einer, der Geschichten erzählt. Damit man sich schon vor der Reise ein Bild machen kann. Und, dies ist ein Reiseführer, der selbst schon eine Geschichte hat. Die ging im Januar 1990 los, als die erste der sonntags in der Zeitung »Der Tagesspiegel« veröffentlichten »Tagestouren um Berlin« erschien. In den folgenden zehn Jahren wurden es über hundert, viele davon in drei erfolgreichen Bänden veröffentlicht. Aber was wir in unseren ersten Ausflügen registrierten, ist heute längst passee. Brandenburg im Jahr 1990 war ein Land »der angehaltenen Zeit«, wie ein Feuilletonist an anderer Stelle schrieb, die Fahrt auf märkischen Alleen geriet zur Reise in die Vergangenheit.

Wir haben das Vorwort der ersten Auflage übernommen, um zu dokumentieren, wie man sich damals auf Entdeckungsreise fühlte. Doch die Tagestouren sollen keine bloße »Chronik des Wandels« sein, sondern auch praktikabler Reiseführer. Für diese jetzt schon vierte überarbeitete Auflage der ersten beiden Bände haben wir deshalb wie schon in den vorangegangenen Neuauflagen jeweils fünf Ausflüge durch neue ersetzt, die übrigen gründlich überarbeitet und aktualisiert.

Ein Wort noch zur Anreise: Das Angebot der Bahn verändert sich praktisch ständig, wir haben deshalb zwar Verbindungen genannt, auf die Angabe von Abfahrtszeiten aber verzichtet. Ähnliches gilt für Eintrittspreise. Wir haben lieber Kontaktadressen genannt, über die sich, wer sicher gehen will, telefonisch informieren kann.

Berlin im Januar 2002 *Andreas Austilat*

DIE SCHÖNSTEN STRASSEN SIND KLATSCHNASS

Am Wochenende zieht's uns raus. Warum? Um Neues kennen zu lernen natürlich. Das haben jedenfalls die meisten befragten Berliner den Tourismusforschern von der Freien Universität in die Blöcke diktiert und dabei wohl gehörig geflunkert. Wir waren nämlich letzten Sonntag in Potsdam, und alle anderen waren auch da. Weshalb es denn in Sanssouci längst Streit gibt: Jeder will rein, doch nicht alle passen in das Elf-Zimmer-Haus auf der Höhe des Weinbergs, wie die bekümmerte Schlossverwaltung versichert.

Waren Sie schon mal in Görzke? In Lenzen oder Prötzel? Kaum eine Menschenseele. Der Drang nach draußen verläuft offenbar in recht ausgetretenen Bahnen.

Eigentlich wollten wir ihn ja nicht mehr bemühen, den viel zitierten und darüber schon recht strapazierten Fontane. Unspektakulär sei sie, die Natur der Mark, und: »Wenn Du reisen willst, musst Du die Geschichte dieses Landes kennen und lieben.«

Das hat einen recht strengen Klang, was er seinen Lesern da ins Vorwort der »Wanderungen« schreibt. Aber wenn er doch Recht hat.

Prieros oder Bad Saarow sind nicht Biarritz und der Fläming nicht der Apennin. Keine Küsten, keine mondänen Bäder, keine schroffen Berge, keine tiefen Schluchten, manche Schönheit blüht eben im Verborgenen, und mancher Reiz erschließt sich nicht auf Anhieb. Michael Winteroll hat den Fläming durchwandert. Er ist dabei auf europäische Geschichte gestoßen, hat darüber seine eigenen Entdeckungen gemacht. Vor dem Hintergrund der napoleonischen Kriege erscheint die Dorfkirche von Gölsdorf plötzlich in anderem Licht. Winteroll hat einen fast unentdeckten Landstrich von eigenartig melancholischem Reiz beschrieben.

In Nennhausen bei Rathenow schärfen die Berliner Romantiker wie E. T. A. Hoffmann, Karl Varnhagen von Ense, Chamisso und natürlich der Baron de la Motte-Fouqué den Blick für die Reste des beschädigten Parks. Und gleich hinter Strausberg führen Sagen und Legenden tief in den Blumenthal, einen Wald, der in weiten Teilen nichts gemein hat mit den Stangenholzplantagen, die man andernorts für Wald hält. Natürlich konnten wir nicht umhin, auch mal bei der Prominenz hinter die Kulissen zu blicken. Bei Königs zum Beispiel, in Paretz: Was ist dran an der schönen Scheinwelt von Luise und Friedrich Wilhelm III.? Es sind also nicht immer die spektakulären Ziele, denen unsere allererste Aufmerksamkeit galt, sondern zuweilen gerade die etwas abseitigen. Preußens Gloria muss man nicht in Sanssouci suchen, und zur Baumblüte geht es nicht nur nach Werder. Auch im Naturkostparadies Eden blühen die Bäume.

Band II der »Tagestouren um Berlin« ist also nicht nur eine Fortsetzung des ersten Bandes. Im Jahre drei nach dem Mauerfall ist die Fahrt ins Umland selbstverständlicher geworden. Da schaut man genauer hin, jetzt ist mehr Zeit für das Detail. Und ein neues Element ist hinzugekommen, wir nähern uns dem Umland von der Seeseite.

»Berlin ist aus dem Kahn gebaut«, heißt es. Wir sind der Sache gewissermaßen auf den Grund gegangen, haben die wichtigsten brandenburgischen Schiffahrtsmuseen aufgesucht. Vor allem aber gilt der alte Slogan der Weißen Flotte: »Die schönsten Straßen sind klatschnass.« Auf ihnen gibt es, den Wannsee einmal ausgenommen, einstweilen noch keine Verkehrsstaus. Fahren wir also doch die großen Ziele an, Potsdams Schlösser oder den Scharmützelsee, nur eben nicht zu Lande, sondern ganz gemächlich zu Wasser, mit Stern- und Kreisschiffahrt, Weißer Flotte und wer da sonst noch Dampfer fährt. Wenigstens in eine Richtung, Eilige können zurück in aller Regel immer noch den Zug nehmen.

Wer aber einfach nur so raus will, weg von der Stadt, ohne Fontane, wem Schlösser und Kirchen ganz egal sind, dem sei ein anderes Vehikel empfohlen: das Paddelboot. Keine Angst, wir haben uns am Anfang ganz schön angestellt und es trotzdem irgendwie geschafft. Die Sache ist eigentlich recht einfach. Man braucht nicht einmal ein eigenes Boot. Auf solche Bedürfnisse hat sich der Berliner Markt längst eingestellt.

Krebsegrapschen an der Dahme oder Paddeln unter dem Blätterdach des Rhin, auch das ist unspektakulär. Die Freizeit- und Tourismusbranche hat da inzwischen ganz andere Attraktionen im Programm. River Rafting in den Rockies zum Beispiel oder – schlichter – Wildwasser in der Betonrinne heißt die aktuelle Alternative zum grauen Alltag. Dabei führen die kleinen Fluchten nebenan auch ganz schön weit weg. Zu den Gefährten von früher nämlich. Zu Tom Sawyer und Huckleberry Finn, auf Entdeckungsreise zurück in die eigene Kindheit. Auch das sind Tagestouren um Berlin.

Berlin im Juli 1992 *Andreas Austilat*

AUF DER SUCHE NACH DEM WEITEN BLICK

Eine Radtour nach Orten wie Verlorenwasser und Hagelberg im Hohen Fläming

Brandenburgs Seen, mal melancholisch, mal heiter, alles schön und gut. Wenn aber die Seele fliegen soll, muss der Blick ins Weite können. Hügelland ist da geboten mit Fernsichten zum Horizont. Wenn der dann noch leicht im Dunst verschwimmt, an einem sonnigen Tag, fühlen wir uns weit, weit weg von Berlin. Nicht ganz einfach zu finden im Umland. Wir haben für Sie 30 Rad-Kilometer im Hohen Fläming ausgesucht, auf denen Sie genau das immer wieder erleben können.

Im Städtchen Belzig fahren wir Richtung Brandenburg und biegen am Belziger Friedhof nach links. Hier beim Reichelt-Markt beginnt die Weitzgrunder Straße, und Weitzgrund ist unser erstes Ziel. Das Sträßchen wird nach ein paar Metern zum Radweg. Am Sportplatz sind wir schon im Wald. Es geht gut voran, kaum merkliche Steigungen. Die Wandermarkierung (grüner waagerechter Balken auf weißem Grund) wäre eigentlich nicht nötig. Plötzlich aber weist sie scharf nach links: »Reha-Klinik Weitzgrund« steht auf dem Schild.

Hm. »Reha-Klinik« klingt nicht doll, aber der Weg sieht verlockend aus. Allerdings heißt es absteigen. Urwald. Vom Wind gefällte Bäume hängen uns zu Häupten. Intensiv duften die Krüppelkiefern. Dann ein Forstweg, schließlich ein Gerstenacker, es geht nicht weiter. »Doch, doch!«, behauptet ein Wegweiser nachdrücklich. Kurz und gut: Am Ende landen wir wieder auf der ursprünglichen Straße nach Weitzgrund (Sie brauchen also der Aufforderung »Reha-Klinik« nicht zu folgen, falls Sie nicht abenteuerlustig sind, aber lohnen tut es sich). Der Radweg ist familientauglich, er läuft neben der alten Straße aus Lesesteinpflaster her, die schön anzusehen ist, aber schrecklich zu befahren wäre.

Weitzgrund. Der Blick vom Waldrand her wie einst in meinem Märchenbuch (Zigarettenbilder, 30er Jahre, Erbstück): Eine Hand voll Häuser auf grüner Flur im Sonnenlicht, jenseits wieder der Wald. Wenn jetzt der Eisenhans käme oder Schneewittchens Stiefmutter mit der Apfelkiepe? Im Reiterhof (keine Ponys, Reitstunde ca 10 Euro) Rast mit Schorle.

Dann tauchen wir wieder in den Wald. 1974 hatte die Sendung »Außenseiter Spitzenreiter« des DDR-Fernsehens nach dem »Mittelpunkt der DDR« gefragt. Seitdem weiß man, wo der ist. Einen Kilometer hinter Weitzgrund sind wir da: Bierbänke, Krachmusik, Gulaschkanone, obendrüber DDR-Fahne. Bloß weg hier. Nach 200 Metern ist nichts mehr zu hören.

Ortsschild »Verlorenwasser«. Verloren was? Der Fläming ist eine trockene Ecke. Brunnenbauer müssen hier tief graben. Und Bächlein verschwinden eben manchmal einfach so von der Bildfläche, wie hier der »Verlorenwasserbach«. Die Dorfkneipe heißt »Hirschtränke« und ist auch so. Schöner Garten zur Rast. Andachtspunkt für Literaturfreunde und -freundinnen: Maxi Wander (»Guten Morgen, du Schöne«) hat hier mal mit Christa Wolf (»Nachdenken über Christa T.«) gesessen. So winzig der Flecken, so weit weg ist Berlin, nur der Wind rauscht.

Das nächste Dorf, Werben, besitzt immerhin schon eine Kirche. Jetzt folgen zwei Kilometer mit weitem Blick, aber wenig Schatten. An der Straßenkreuzung geht es links nach Lübnitz. Und dort angekommen, biegen wir ein paar Meter hinter dem Ortsschild gleich nach rechts ab auf Hagelberg zu. Genau 1500 Meter weiter bitte Rad abstellen, rechts den Hang hoch zum (Wegweiser) »Alten Denkmal«. Das erweist sich als ein Rest, bloß der Sockel steht noch mit einem Reliefportrait des Generals Hirschfeld. Die Inschrift erinnert an »das Gefecht von Hagelberg«. Am 27. August 1813 war das. Napoleon hielt damals die deutschen Länder seit sieben Jahren im eisernen Griff, die Abgaben waren drückend (Berlin zum Beispiel zahlte noch Jahrzehnte später Schulden aus jener Zeit ab). Jetzt aber war der Kaiser beim Russ-

In Weitzgrund

land-Erobern gescheitert, seine Grande Armee gab es nicht mehr. Preußen erhob sich.

Hügelab rollt es sich leicht nach Hagelberg, einem Dörflein, nichts weiter dazu zu sagen, aber 50 Meter vor dem Ortsausgang wieder: Rad abstellen, diesmal links den Hang hoch (Wegweiser: »Neues Denkmal«).

Hatte ich nicht weite Blicke versprochen? Bitte sehr, nehmen Sie Platz, das Panorama ist sehenswert, Sie haben den Hohen Fläming vor sich.

Das Denkmal, nun ja. Ein bisschen monumental, aber doch aus dem Feldstein der Gegend und in den einfachen Formen hiesiger Kirchenportale. Gegen die Inschrift »Zur Erinnerung an die deutsch-russische Waffenbrüderschaft« ist eigentlich auch nichts zu sagen. Napoleon hatte Befehl gegeben, Berlin einzunehmen, ein paar Tage zuvor war das ganz dicht vor der Stadt beim Dörfchen Großbeeren bereits einmal gescheitert. Jetzt lagerte hier oben das Corps des Generals Girard auf den Höhen des Flämings, aufmerksam in die östlichen Ebenen spähend, von wo russische Kosaken immer wieder angriffen.

Die Preußen gerieten den überraschten Franzosen eher zufällig in den Rücken. Von Mittag bis Abend ging es hin und her. Und Preußens unerfahrene Landsturmkrieger hätten es verloren, wären die Russen nicht gekommen. Daher die Inschrift. Passte 1955 natürlich gut in den Kalten Krieg, schließlich waren die Russen wieder hier, diesmal allerdings auf Dauer und nicht gerade beliebt. Und Frankreich war NATO-Staat, also wieder einmal – zumindest offiziell – Feind. Das »alte Denkmal« aus preußischen Zeiten hatte man 1946 zerschlagen, die Reste haben wir gesehen.

Abwärts, treten entfällt. An der Kreuzung in Klein-Glien, an der wir nach links müssen, um wieder zurück nach Belzig zu kommen, lädt der frisch renovierte Gutshof Glien ein. Der Wiederaufbau ist ein Projekt der Gemeinde. Man kann hier essen, im Sommer im Garten, wenn's kühler ist, drinnen vor dem Kamin. Bald wird es in den Ställen auch Werkstätten geben für altes Handwerk, zum Angucken und Kaufen, die Spinnerinnen und Weberinnen sind bereits umgeschult.

Das letzte Stück nach Belzig bietet noch einmal Flämingblicke vom Feinsten. Schließlich läuft die Straße pfeilgerade auf Belzigs barocken Kirchturm zu. Der Bergfried von Burg Eisenhardt erscheint über den Wipfeln. Wär' noch eine Gelegenheit zum Weitblick. Ein andermal, für heute reicht's.

Michael Winteroll

TIPPS ZUR TOUR

Autobahn Richtung Leipzig bis zur Abfahrt Niemegk–Belzig. Per Regional-Express der Deutschen Bahn ab Zoo nahezu stündlich (Fahrzeit 60 oder 90 Minuten, je nach Strecke). Informationen auch unter: www.brandenburg.de oder www.belzig.de

WUNDERWERKE AUS DEM MITTELALTER

In den Dörfern um das Kloster Jerichow hat sich eine einzigartige romanische Kirchenlandschaft erhalten

Alte Kirchen gehen Ihnen auf die Nerven? Dann seien Sie bitte freundlichst gebeten, woanders weiterzulesen, denn hier wird von nichts weiter die Rede sein als eben gerade von solchen. Kleiner Test zur Entscheidungshilfe: Marienfelde zum Beispiel, kommen Sie dort auch nie an der Dorfkirche vorbei ohne einen Blick? Neigen Sie vielleicht sogar dazu, verstohlen mit der Hand über das Mauerwerk zu fahren, einfach weil es so alt ist, so schön und weil es so viel gesehen hat? Für alle, die sich jetzt nicht kopfschüttelnd abwenden, hätte ich da was, ziemlich weit weg allerdings: das Land Jerichow bei Tangermünde in der Altmark, also eigentlich schon in Sachsen-Anhalt gelegen, aber noch diesseits der Elbe. Dort stehen mehr als ein Dutzend romanischer Dorfkirchen. Die gibt es zwar bei uns hin und wieder auch, aber dann sind sie aus Feldsteinen. Jerichow dagegen liegt auf purem Lehm, leicht ließen sich die Ziegel an Ort und Stelle brennen: Voilà – Backsteinromanik!

In Fischbeck soll die Tour beginnen, als Auftakt sozusagen, Tangermünde gegenüber, also von Westen her kommend, wie einst die Mönche und Siedler. Klare Formen, ein über die ganze Breite laufender Westturm, man kennt das von den spätromanischen Feldsteinkirchen unserer Gegend. Diese hier nun aus Backstein, damals eine neue Technik. In wenigen Jahrzehnten verbreitet sie sich im 12. Jahrhundert über Norddeutschland und Skandinavien, ohne dass die Historiker bisher zu sagen wissen, wie das genau zugegangen ist. Klar ist: für die Baukonstruktion hatte die neue Technik Folgen. Die Mauern brauchten nicht mehr so gewaltig dick zu sein wie bei Steinbauten, Ornamente ließen sich mit Formsteinen leicht bewerkstelligen. In Fischbeck sind die umlaufenden Friese an Turm und Schiff gut zu sehen. Dann Jerichow. Unübersehbar ragen die Doppeltürme des alten Prämonstratenserstiftes über das Land. Die Kirche besitzt gleich zwei Namenspatrone: St. Marien-Nikolai. Gehen Sie nicht gleich hinein, laufen Sie einmal um den gewaltigen Komplex herum und lassen Sie das fensterlose Westwerk auf sich wirken. Um 1200 ist der heutige Bau entstanden, das Stift selbst wurde schon im Jahre 1144 gegründet. Im Innern beeindrucken vor allem die großen Säle: Sommer- und Winterrefektorium, Kapitelsaal, die Krypta. Die Gewölbe werden von Sandsteinsäulen getragen, deren Kapitelle die Steinmetze mit Pflanzen- und Tierornamenten virtuos geschmückt haben.

Unwillkürlich malt sich die Phantasie aus, wie das feierliche Leben hier drin wohl den wendischen Bauern der Elbaue vorgekommen sein mag. Selbst die Mahlzeiten der frommen Männer waren Teil eines als Gottesdienst begriffenen Tagesablaufs; die Brüder hörten dabei einem Lektor zu, der aus der Schrift oder den Kirchen-

Die Kirche in Redekin

vätern vorlas. In dieser dünn besiedelten Lehmkatenwelt muss das wie ein permanentes Fest gewirkt haben, mit Weihrauch und Chorgesang, fremd, sicher auch bedrohlich. Der Orden der Prämonstratenser hat Altmark und Prignitz christianisiert. Jerichow gehörte zum Bistum Havelberg, das der Orden ebenfalls innehatte, und war wohl zu Beginn dessen Kathedralkirche.

Die meisten der Dorfkirchen, die wir nun besuchen, gehörten zum Klosterbesitz, alle lagen im Einflussbereich Jerichows. Heute bilden sie eine nach Alter, Geschlossenheit und Erhaltungszustand ganz seltene Kirchenlandschaft.

Der Bau in Redekin gilt als besonders gut erhalten. Chor, Apsis, Priesterpforte und Querturm, alles fast unverändert, sogar – sehr selten – die romanische Sakristei.

Kleinwulkow. Kann man sich einen Namen vorstellen, der märkischer klänge als Kleinwulkow? Und so ist Kleinwulkow auch. Urmärkisch und urabgelegen. Auf dem Anger das spätromanische Kirchlein, das kleinste, das wir zu sehen kriegen. Der Kunstführer schwärmt von nahezu unangetasteter Bausubstanz und einem »beson-

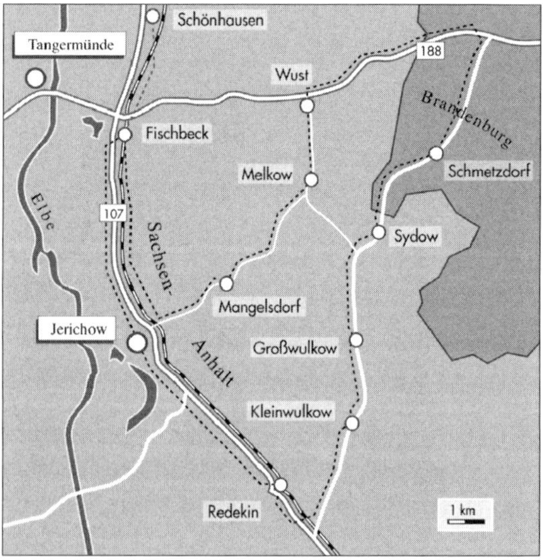

deren Aufwand in technisch und dekorativ-gestalterischer Hinsicht«. Ein später Bau. Schon im Übergang zur Gotik. 700 Jahre Kleinwulkow. Die Tür steht offen. Das Innenräumchen, steinaltes Gestühl, eine Empore. Die Bankreihen haben auf der Gangseite zusätzliche Klappsitze, wenn die auch besetzt waren, passte niemand mehr rein, dann war die Kirche voll. Chor und Apsis provisorisch abgeteilt, dort drin wird wohl heutzutage Gottesdienst gehalten, selbst die kleinste Kirche ist inzwischen oft zu groß. Auf der Empore ein kaputtes Orgelchen, eine der Pfeifen liegt herum. Die Totentafeln der Kriege verstauben in der Ecke, bloß die der Befreiungskriege von 1813/14 hängt noch. Wie viele damals gefallen sind aus Kleinwulkow! Dabei können hier doch kaum mehr als 200 Menschen gelebt haben.

Geräusche im Turm. Schmale Leiter. Ein alter Mann mit seinem fünfjährigen Enkel zieht die Uhr auf. 40 Jahre hatte das Werk gestanden, dann hat sich ein Uhrmacher aus dem Nachbardorf erbarmt. »Klackklackklack« machen die Zahnräder. Über uns hängen die Glocken. Die eine, die alte, war schon weg zum Einschmelzen im letzten Krieg, aber dann ist sie doch zurückgekommen nach Kleinwulkow. Ob ich schon beim Pfarrer war. Nein. Ob ich beruflich mit Kirchen zu tun habe. Na ja, wie man's nimmt. Die Leiter hinunter hängt sich das Kind dem Alten auf den Rücken.

Großwulkow. Prachtbau, Titelbild des Kirchenführers, möglicherweise die älteste romanische Backsteinkirche diesseits der Elbe, 1172 bereits erstmals erwähnt, bloß sind sich die Fachleute noch nicht einig, ob es damals tatsächlich schon diese hier war. Über Sydow geht es weiter nach Schmetzdorf (13. Jahrhundert). Das Buch singt von »bescheidenen Mitteln« und dennoch »kräftig-monumentaler Wirkung«. Folgt Wust, zur Abwechslung mal ziemlich genau zu datieren: zwischen 1196 und 1206. Touristen besuchen hier gern die Gruft der Familie von Katte, berühmt geworden durch den Jugendfreund und Fluchtgefährten Friedrichs des Großen, den der wütende Friedrich Wilhelm I. vor den Augen seines Sohnes hinrichten ließ.

Melkow hat mir persönlich am besten gefallen: Sehr alt (Ende des 12. Jahrhunderts), wunderbar erhalten – die hoch liegenden Rundbogenfenster! –, reich geschmückt; auch die Bauhistoriker geraten ins Schwärmen. Mangelsdorf, letzter Ort, bevor sich der Kreis in Fischbeck wieder schließt, ist wohl nach einem Brand im letzten Jahrhundert durch die Schinkel-Schule verändert worden.

Letzter Programmpunkt: ein Abstecher nach Schönhausen. Bismarcks Schönhausen. Der preußische Ministerpräsident wurde hier geboren. Das Bismarck-Schloss haben sie zu DDR-Zeiten abgerissen. Der Park immerhin ist in Umrissen gerade wieder erstanden. Aber die Kirche! 1212 geweiht, sie gilt neben der in Melkow als bedeutendster Nachfolgebau der Jerichower Klosterkirche, zweieinhalbmal so lang wie der kleinste Bau dieser Tour in Kleinwulkow wirkt sie gewaltig für eine Dorfkirche.

Das war's. Wenig Platz für Details und gerade auf die kommt es doch an bei diesen Wunderwerken aus dem Mittelalter. Rund-, Kreuzbogen und andere Friesformen müssen Sie ebenso selbst entdecken wie eingeritzte kleine Sonnenuhren und Weihekreuze.

Das also war der Ausflug an die Wiege der märkischen Backsteinbaukunst. Hier ist sie entstanden. Die Steine wurden übrigens nicht transportiert, sondern direkt neben dem Bauplatz gebrannt, vermutlich mit dem Holz, das beim Roden des Landes anfiel.

Michael Winteroll

TIPPS ZUR TOUR

Mit dem Auto über die B 5 über Nauen und die B 188 über Rathenow bis kurz vor Tangermünde (rund 100 Kilometer); der Rundkurs beträgt etwa 50 Kilometer.
Per Bahn: Die schnelle Verbindung nach Genthin nutzen und dort mit dem Taxifahrer eine Pauschale für die Rundfahrt aushandeln, zu mehreren wird's erschwinglich.
Im Kloster: an Wochenenden geöffnet, April–Oktober 10–17 Uhr; November–März 10–16 Uhr.

MONUMENTE LÄNDLICHER GESCHICHTE

Auf der Kammhöhe des Niederen Flämings von Jüterbog nach Niemegk

Diese Tour führt in den Fläming, doch statt Wald und kleiner Hügel – wie um Belzig herum – entdeckt man hier weit schwingende Höhen und Ackerland. Wir wollen dem Niederen Fläming sozusagen über den Kamm fahren. Auf kleiner Straße, quer zu den großen Verkehrswegen soll es von Jüterbog nach Niemegk gehen, von Dorf zu Dorf, immer auf Kammhöhe des Hügellandes. Eine Strecke, die im Schnee ebenso reizvoll ist wie im allerersten Frühling oder kurz vor der Ernte auf den großen Getreideschlägen. Nur klare Sicht sollte herrschen, weil sonst ein Hauptreiz fehlt: der weite Blick.

Für den Nahbereich der Augen gibt es auch etwas: Ein rundes Dutzend mittelalterlicher Kirchen, bei Abweichen von der Route beliebig vermehrbar, alle aus Feldsteinen ausgeführt, alle einander ähnlich und zugleich jede anders. Wie groß das Dorf einst war, ob seine Böden gute oder schlechte Ernten brachten, wie geschickt Bevölkerung und Kirchenherr bei Baumaßnahmen verfuhren und hundert andere Zufälligkeiten treten zutage. Nicht zuletzt die vielen Kriege haben jedes dieser Gemäuer zu einem Monument ländlicher Geschichte werden lassen, das über mehr als ein halbes Jahrtausend zurückreicht, steingewordene Dorfschicksale mit jeweils eigenem Gesicht. Über 20 Generationen hin sind sie gewachsen und bieten Rätsel genug für längeres Verweilen. Vieles wird man erraten, oft die Phantasie zu Hilfe nehmen müssen. In Büchern zu lesen gibt es über sie viel weniger als über die »Bataille de Juterbog« 1813, über deren Walstatt die Tour ebenfalls führt.

Ausgangspunkt ist Jüterbog. Von dort geht es auf der südlichen Ausfallstraße zunächst nach Rohrbeck. Kurz vor dem Ort biegt bereits die Straße nach Dennewitz ab, wir aber nehmen uns Zeit für die Rohrbecker Kirche, einen spätgotischen Bau mit mächtigem Breitturm, dessen verschieferte Haube und Laterne gedrungener sind als im benachbarten Dennewitz, auf das wir jetzt zufahren. Dort hebt der Turm sich weiter über den First des Schiffes hinaus, und die Uhr in ihrem schlanken Aufsatz ist schon aus der Ferne zu sehen. Dennewitz: wieder einmal preußische Geschichte oder eigentlich deutsche, im Grunde sogar europäische. Hier fand am 6. September 1813 eine Schlacht statt zwischen preußischen, russischen und schwedischen Truppen auf der einen und Franzosen, Sachsen, Italienern, Württembergern und Bayern auf der anderen Seite. Napoleons letzter Versuch, Berlin zurückzuerobern, das er mehr als sechs Jahre lang in eisernem Griff gehalten hatte (wie ganz Deutschland). Die Franzosen schafften es nicht. Nach Wittenberg hatte man sich zurückgezogen, von dort brach Marschall Ney nun wieder Richtung Norden und Berlin auf.

An der Dennewitzer Dorfstraße auf hohem Sockel zwei Soldaten in den Uniformen von 1813, dazu die Verse Ernst-Moritz Arndts: »Auf, mutig drein und nimmer bleich / denn Gott ist allenthalben! / die Freiheit und das Himmelreich / gewinnen keine Halben«.

Das klappert und klingt ziemlich teutonisch, hat sich aber bis heute sinngemäß in so ziemlich alle Sprachen übersetzen lassen. Denkmäler, Steine und Tafeln: Auf den Feldern, an Wegrändern und in den Dörfern der Umgebung findet man sie. Schon ein paar Meter weiter vor dem Friedhofseingang bewahrt ein Stein trutzige Worte des Generals von Tauentzien, dessen Landwehrleute – »Gesindel« nach Napoleon – als Erste mit Neys Truppen aneinander gerieten, zwischen Rohrbeck und Dennewitz, wo ein Damm die Passage der sumpfigen Nuthe Quellwiesen ermöglichte.

Weiter geht es Richtung Niedergörsdorf. Rechts der Hügel war damals strategisch entscheidend. General von Bülow, siegeshalber später zum Grafen von Dennewitz ernannt, gelang es schließlich, ihn zu nehmen. Ein von Schinkel entworfenes Eisengussmal auf der Kuppe

Die Kirche in Gölsdorf

erinnert daran. Die schmale Allee dort hinauf sollte man sich nicht entgehen lassen, schon der Aussicht wegen.

»Die gefallenen Helden ehrt dankbar König und Vaterland« kann man lesen. Ja, wer denn nun? fragt man sich. Stolpert der Satz, weil mit der »Landwehr« ein heikler Punkt berührt wurde? Nicht mehr allein eine vom König besoldete Berufsarmee warf ja die fremden Herren zum Land hinaus, sondern das Volk selbst hatte zu den Waffen gegriffen: 20 Jahre nach der Französischen Revolution für gekrönte Häupter immer noch eine Zumutung. Die Siege von 1813 hatten ihren Hautgout. Konservative und Liberale verehrten die Helden aus durchaus unterschiedlichen Gründen.

Was den einen nichts als militärische Rettung Preußens war, galt den anderen als erster Schritt zu einem emanzipierten Bürgertum in einem geeinten Deutschland. Den Berlinern war diese doppelte Lesart früher geläufig, mit dem Generalszug ist sie bis heute dem Straßenbild förmlich eingeschrieben: Blücher, Bülow, Kleist und Tauentzien als Straßennamen, die Schlachtorte Wittenberg und Nollendorf als Plätze verbanden nicht nur den alten mit dem neuen Westen, sondern auch zwei Welten miteinander.

Was die besten nie vermochten
Und keines Weisen Witz
Die Begeisterung hat es erfochten
Im Sande von Dennewitz

bedichtete Fontane das zu seiner Zeit jedem Kind vertraute Kampfgeschehen. Aber der alte Mann, wie er da aus dem spitzbogigen Stubenfenster seines Hexenhäuschens guckt, lässt eher an Wilhelm Raabes Stopfkuchenexistenzen denken als an die Gestalten Fontanes. An der Allee zum Denkmal gelegen, wirkt es wie aus Glienicke oder von der Pfaueninsel hierher versetzt. Es geht ebenfalls auf Schinkel zurück.

Der Turm der Kirche im nahen Niedergörsdorf stammt zwar erst von 1854, die Kirche selbst aber gehört zu den besonders alten. Niedergörsdorf und das tiefer gelegene Gölsdorf, auf das wir jetzt zufahren, lagen unmittelbar im Kampfgebiet. Um das Gölsdorfer Kirchlein tobte die Schlacht von Gehöft zu Gehöft, sogar in seinem Innern, vor dem Altar, floss Blut.

Der Brunnen am Ortsende – im trockenen Fläming gab's nicht viele – soll Freund wie Feind erfrischt haben, die sich anschließend wieder als Märker auf die Sachsen oder als Württemberger auf die Ostpreußen stürzten.

Wie viele waren am Schluss tot? Ich mag nicht nochmal nachschlagen. Es waren sehr viele, über zehntausend.

Noch Dreiviertel der Fahrtstrecke liegen vor uns. Wenig bleibt mitzuteilen. Zu sehen ist, was es zu sehen gibt: die in der Ferne verschwimmenden Hügel in den Farben herbstlicher Äcker und immer wieder Kirchen mit den hundert Grautönen ihres Mauerwerks.

Die in Seehausen scheint zunächst der Gölsdorfer zu gleichen, um eine Fensterachse verkürzt, aber die romanischen Strebpfeiler geben dem Bau eine gedrungene Wucht, die der in Gölsdorf nicht besitzt.

In Blönsdorf konnte ein Umbau von 1912 den Charakter der Flämingkirchen wahren, in Schönefeld dagegen, zwei Dörfer weiter, hat man 1853 einen Neubau im

Stil der Neoromanik errichtet, dessen Quergiebel aussehen, als habe die Kirche die Schultern hochgezogen. Wenigstens hängt in ihrem Turm noch eine Glocke des Vorgängerbaues aus dem 13. Jahrhundert.

Zwischen geglücktem Um- und kuriosem Neubau – auch schon wieder 150 Jahre alt – aber liegt das Juwel dieser Tour, das Kirchlein von Kurzlipsdorf.

Der Kunstführer vermutet, das spätromanische Schiff sei ursprünglich länger geplant gewesen und unvollendet geblieben. Die alte Tür in der Westwand ist zugemauert, die Fenster auf der Nordseite aber dürften – klein wie sie sind – noch aus der Bauzeit Anfang des 13. Jahrhunderts stammen. Die Kirche liegt etwas abseits der Dorfmitte auf einer Anhöhe, und wie seit 700 Jahren werden die Toten der Gemeinde zu Füßen der Mauern begraben.

Bleiben noch die Kirchen in Marzahna, Zeuden und Hohenwerbig, jede sehenswert. Den hübschen barocken Fachwerkturm in Marzahna dürften trotz der Abgelegenheit der Gegend auch früher schon viele Reisende gekannt haben, denn so wie heute die B 2 führte einst schon der Reiseweg der Postkutschen hier über den Fläming.

In Hohenwerbig nehmen wir am westlichen Dorfausgang rechts die schmale Straße und gelangen nach Niemegk. In der Häuserfront dort fällt eine Feldsteinfassade auf: Auch ursprünglich eine Kirche. Bauhistoriker mussten das erst heraufinden, denn Jahrhunderte lang hat das Gemäuer als Wohnhaus gedient. Wir nehmen die leeren Fensterhöhlen – aus Plänen, die Stadtbücherei hier unterzubringen ist nichts geworden – als Abschiedsgruß der Feldsteinkirchen des Fläming.

Michael Winteroll

Tipps zur Tour Die beschriebene Strecke ist rund 35 Kilometer lang, die Straßen sind schmal und schön zum Radfahren.
Jüterbog erreicht man entweder über die B 101 oder leicht mit der Regionalbahn.

Schiffbruch in der Wüste Mark

Nautisches für Anfänger – Auf dem Rheinsberger Rhin ist der Reisende auf sich gestellt

Zwischen Rheinsberg und Zippelsförde, da fiel schon dem »Historischen Führer« durch die alte DDR nichts mehr ein. Da fließt der Rhin vorbei an der Wüste Mark Rheinshagen zur Linken, irgendwo zur Rechten liegt die Wüste Mark Fristow. Verlassenes Land also, scheinbar unberührt. Auf knapp 20 Flusskilometern gibt es nur zwei verschlafene Dörfer, kaum mehr als Anwesen. Gerade eine unbedeutende Nebenstraße kreuzt den Fluss. Wer den Rhin hier hinunterfährt, begibt sich garantiert nicht auf Fontanes Spuren. Das ist eine Reise mit Mark Twain, dem Lederstrumpferfinder James Fenimore Cooper und, wenn man Pech hat, auch ein bisschen Daniel Defoe.

Es gibt nämlich nur einen Weg, den Rhin zu bereisen: In einem möglichst kleinen Boot ohne Tiefgang. Anfänger, die sich die 25 Kilometer zurück in die Zivilisation nicht in einem Stück zutrauen, sollten an Schlafsack und Zelt denken, wasserdicht verpackt. Denn sie werden unterwegs auf sich gestellt sein. Gerade von einem Gasthaus wird berichtet, dem Dorfkrug in Zechow. Wir haben ihn nie gesehen.

Dabei ist alles so einfach. Paddeln kann wirklich jedes Kind. Rudern, ja das waren der Schlagmann und die Trillerpfeife, Konditionstraining und Wettfahrten. Rudern ist Disziplin. Paddeln ist demokratisch. Jeder hat etwas zu sagen. »Nummer eins gibt das Tempo vor, Nummer zwei die Richtung«, schreibt Otto von Stritzky in seinem »Paddel-Handbuch«.

Mindestens zwei weitere Regeln gilt es noch zu beachten. Erstens, Paddeln ist ein sehr kommunikativer Sport. Anfänger sollten sich unbedingt über Tempo und Richtung verständigen. Zweitens, auf fließenden Gewässern haben treibende Boote den Hang, grundsätzlich auf Hindernisse zu-, niemals, daran vorbeizutreiben. Weshalb man sich mit Punkt eins beeilen sollte.

In unserem Fall klafft schon nach 50 Metern ein respektables Leck im Bug des »Kameraden«, einem ansonsten recht widerstandsfähigen Polyesterboot. Ein Riff, Landratten sagen Felsen dazu. Wahrscheinlich der einzige im ganzen Rhin. Zeit für Regel Nummer drei: Kunststoffboote sinken, wenn zu viel Wasser in sie eindringt.

Ende einer Bootsfahrt? Nicht für echte Seefahrer. Auch wenn sie sich ihr nautisches Können ausschließlich in Jugendjahren angelesen haben. Zum Beispiel in »Time Life«: »In einer nebligen Nacht, am 22. Januar 1909, tasteten sich zwei Schiffe wie Blinde aufeinander zu und vertrauten wie eh und je der Weite des Atlantiks. Um 5 Uhr 47 rammt die ›Florida‹ den Dampfer ›Republic‹.« Nach zwei Tagen war die »Republic« gesunken, während die »Florida« wohl behalten New York erreichte. Die Mannschaft hatte ein Lecksegel über den Bug gezogen. In unserem Fall tat es ein blauer Müllsack. Was beweist, dass der Rhin tatsächlich ein harmloses Gewässer ist – hat man sich erst einmal mit Regel Nummer eins vertraut gemacht (über Kurs und Tempo einigen!), an eine Plastiktüte gedacht sowie reichlich Klebeband eingesteckt. Zwar weist der alte »Wasserwanderatlas Brandenburg« dem Rhin die Wildwasserstufe eins zu. Doch das bedeutet lediglich, dass der Fluss überhaupt fließt und ein paar Kurven macht. Wir haben ihn nach anfänglichen Schwierigkeiten mit einer Tüte über den Bug bezwungen.

Mit unserer Konstruktion durchpflügen wir sogar eine Ministromschnelle, ein Schrägwehr gleich hinter Rheinsberg. Ein paar Datschen reichen hier noch bis ans Wasser, vorläufig letzte Zeichen der Zivilisation. Bald fließt links die Döllmitz ein, dahinter ist Ruhe. Bis auf das Summen der Libellen, die sich auf unserem Bug niederlassen. Unreguliert mäandert sich der Rhin durch den Wald, über uns das dichte Blätterdach. Irgendwo schreit ein Vogel.

Es könnte auch der letzte Mohikaner gewesen sein.

Auf dem Rhin

Käme der jetzt um die Ecke, stilecht im Kanu, es würde niemanden überraschen. Da gehört er nämlich hin, der wilde Rhin: nach Amerika. Allenfalls noch Skandinavien. Aber Deutschland? Wo effektive Landwirtschaft eine Wüste nicht einmal dann zulässt, wenn sie grün ist?

Nach einer Stunde oder zwei taucht rechts zwischen Bäumen der rote Backsteinturm der Zechower Dorfkirche auf. An der Brücke haben vier Faltboote festgemacht. Wir fahren weiter. Schließlich sind wir Selbstversorger. An einer flachen Böschung zwei Kurven weiter kann man ohne Mühe an Land gehen, ungestört picknicken.

Hinter Zechow fräst sich der Rhin immer tiefer in den märkischen Sand. Steilufer türmen sich zu kleinen Schluchten. Eine Kiefer ist über den Fluss gestürzt, jetzt verrottet der Stamm. Wir passen drunter durch.

In Rheinshagen ist die Fahrt erst einmal zu Ende. Das Wasser staut sich unter der Brücke in zwei engen Röhren, schießt dahinter über eine Stufe. Nicht einmal ein Stuntman käme hier durch. Wir versuchen unser Boot an der langen Leine durchzufädeln. Im hüfthohen Wasser geht der »Kamerad« das zweite Mal unter. Zwei Potsdamer Kanuten haben die Aktion beobachtet. »Umtragen« lautet die Empfehlung für Rheinshagen. Vor der Brücke kommt man rechts leicht aus dem Wasser, ein Stück hinter der Brücke, am linken Ufer, ebenso leicht wieder hinein.

Der vielleicht schönste Abschnitt beginnt hinter Rheinshagen. Dort hat der Fluss die Wurzeln der Uferbäume freigelegt. Nun stehen sie wie auf Stelzen. Eine Art märkischer Mangrovensumpf, nur angenehmer temperiert. In der Mitte staut sich der Fluss zu glasklaren Becken, wir lassen das Boot auf einer Sandbank auflaufen. Erinnerungen werden wach, an kleine Staudämme aus Holz und Lehm, errichtet in sprudelnden Bächen, an geschnitzte Einbäume, an die Bücher von damals. Tom Sawyer rudert nach Jackson Island.

In Zippelsförde verschwindet Tom Sawyer wieder. »Industriemäßige Fischzucht« steht auf einer Tafel am Ufer. Das Wehr ist unpassierbar, hier muss man umtragen. Wir entscheiden uns für die Gewaltlösung, tragen das Boot fast 300 Meter über die Wiese geradeaus in den Kanal. Das erspart rund drei Kilometer auf dem Weg nach Lindow, bringt einen aber vielleicht um ein schönes Stückchen Fluss. Wolfgang Berger jedenfalls, Kanuverleiher am Rhin, lobt die Passage runter nach Alt-Ruppin. Nur, wir haben nicht auf ihn gehört, uns für die kürzere Fahrt nach Lindow entschieden.

Der Kanal dorthin hat auch seine Reize, mit dem urwüchsigen Rhin kann er sich trotz der ausgedehnten Seerosenfelder nicht messen. Dazu machen hier zu viele Motorboote zu hohe Wellen, und es hilft keine Strömung im Rücken mehr den müden Armen. Ohne großes Interesse passieren wir auf dem Gudelacksee den Werder. Der wäre allein schon eine Reise wert. Die Leute munkeln etwas von Ruinen auf dem Werder, Häuser, die 1945 gesprengt wurden. Wer hat sich damals noch diese Mühe gemacht auf der abgelegenen Insel? Und warum? Außerdem, wo gibt es schon eine Insel in einem See auf einer Insel in einem See? Die Passage nach Lindow über

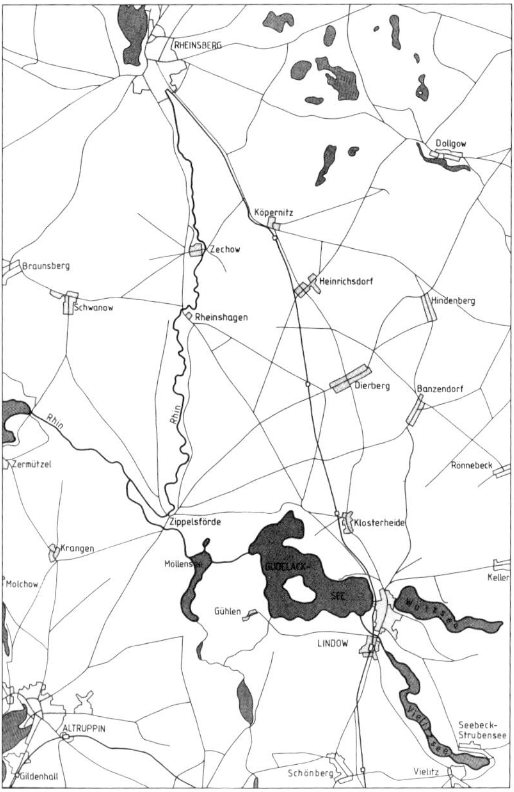

den recht großen Gudelacksee ist bei guter Sicht kein Problem. Landmarke ist der Zwiebelturm der barocken Kirche. In Lindow holt einen dann Fontane wieder ein, der pries in seinen »Wanderungen« das idyllisch gelegene Kloster. Der Ort war über die Jahrhunderte ein beliebter Alterssitz. Erst waren es gut betuchte Witwen, die im nahen Stift ihren Lebensabend genossen, dann lernten um die Jahrhundertwende Berliner Pensionäre die Lage des Städtchens auf einer Enge zwischen drei Seen schätzen. Letzter Prominenter, der in Lindow anklopfte, um hier die Rente zu verzehren, soll Erich Honecker gewesen sein. Die Lindower haben es ihm verwehrt.

Verstehen kann man Honecker ja. Der Ort erinnert mit seinen frisch gestrichenen Fassaden und dem gut erhaltenen Buckelpflaster aus dem 18. Jahrhundert ein bisschen an eine nostalgische Puppenstube. Auf dem Wutzsee stört kein Motorboot die Ruhe, noch trägt die Hauptstraße ihren Namen »Straße des Friedens« zu Recht. Für geschwächte Kanuten wird Lindow aber aus einem anderen Grund zum gelobten Land. Man bekommt hier etwas zu essen.

Andreas Austilat

Tipps zur Tour

Wer mit dem eigenen Boot anreist oder sich in Berlin eins gemietet hat, hat natürlich ein Problem: Wie kommt man zurück zum Auto, wenn man das in Rheinsberg zurückgelassen hat.

Antwort: Mit der Eisenbahn. Eine gute Einsetzstelle fanden wir in Rheinsberg gleich hinter dem Bahnhof, in Lindow kommt man in Bahnhofsnähe auch wieder aus dem Wasser. Man orientiere sich auf dem Gudelacksee zunächst am Lindower Kirchturm und fahre dann rechts davon in den Kanal Richtung Vielitzsee. Der richtige Landeplatz ist am rechten Kanalufer unmittelbar vor der Eisenbahnbrücke. Zum Bahnhof geht es fünf Minuten am Bahndamm entlang immer möglichst geradeaus, Züge nach Rheinsberg gehen alle zwei Stunden.

Sehr viel einfacher hat man es, wenn man das Boot erst in Rheinsberg mietet. Wolfgang Berger (www.bergertours.de) verleiht nicht nur Kanus und Kajaks, er organisiert auch den Rücktransfer. Telefon: (03 39 31) 20 42.

Informationen gibt es bei der Gemeindeverwaltung Lindow, Tel. (03 39 33) 70 55.

Restaurants: Café und Restaurant »Klosterblick«, Am Wutzsee 53, Do. Ruhetag; im Hotel am Wutzsee, Straße des Friedens 33; im Hotel Krone, Straße des Friedens 11; in der Museumsschenke, Mittelstraße 10, Mo. Ruhetag.

Mehr Information und Auskünfte über Sehenswertes in und um Rheinsberg gibt die Tourist-Information in Rheinsberg. Sie hilft auch bei der Suche nach Übernachtungsmöglichkeiten, Tel. (03 39 31) 20 59.

WODKA MIT FRISCHER FISCHSUPPE

Begegnungen in der Schorfheide, dem zweitgrößten Naturschutzgebiet Deutschlands

Hier ist alles groß und hoch und weit, der Wald besonders unergründlich, das Wasser konkurrenzlos klar: Sichttiefe im Werbellinsee, den 158 Quellen speisen, bis zu elf Meter! Doch die Extreme schlagen auch nach der anderen Seite aus: Wildbestand seit Kaisers und noch älteren Zeiten widernatürlich hoch gehalten, deshalb während jüngerer DDR-Staatsjagdvergangenheit des Reviers 500 Tonnen Spezialdraht zu Schutzmanschetten gegen Rindenverbiss für Unmengen Bäume verarbeitet. 125 Hektar Jagdfläche wurden gar künstlich bewässert. Die Schorfheide ...

Wenige brandenburgische Gebiete sind seit der Wende ähnlich häufig genannt worden wie diese größte zusammenhängende Waldregion des neuen Bundeslandes. Längst mischt sich in die Verachtung für schießwütige Abknaller, die dort unter Hirsch und Hase hausten, Anerkennung für erste Leistungen der Landschaftspflege. Das nächst dem Wattenmeer ausgedehnteste deutsche Naturschutzgebiet, den Berlinern nordöstlich ihrer Stadt gleichsam vor die Haustür gelegt, kennt keine verbotenen Areale mehr.

Die 1258 Quadratkilometer korrekt zu kartieren, das Wegenetz gemäß dem wirklichen Stand in Verkehrsatlanten oder auf Regionalblättern wiederzugeben, war keinem einschlägigen DDR-Verlag erlaubt. Grotesk, wie sich Karten der Berliner Umgebung da seit Mitte der 1950er Jahre veränderten. Beispiel: Um 1960 verschwand spurlos das Jagdschloss Hubertusstock, später sogar der noch eine Zeitlang in dessen Nähe ausgewiesene Parkplatz.

Das Dorf Groß Schönebeck empfiehlt sich als Ausgangsbasis für die Schorfheide. Im Jagdschloss – 1680 hatte Kurfürst Friedrich Wilhelm den Baubeginn angeordnet – erdachte König Friedrich Wilhelm I. neue preußische Verwaltungsstrukturen, und der Exerziermeister seiner Armee nahm gelegentlich Logis, der »Alte Dessauer«, Fürst Leopold I. von Anhalt-Dessau. Der Pirschpassion diverser Landesherren seit den askanischen Markgrafen verdankt die Schorfheide ihren Fortbestand. Den Wald abholzen lassen, der Industrie das Vordringen gestatten? Sämtliche Majestäten sperrten sich und sperrten zeitweise Tausende Hektar. Allenfalls ein paar Glashütten, die erste 1601 von böhmischen Einwanderern zwischen Werbellin- und Grimnitzsee angelegt, Sägewerke und Steinbrüche mochten durchgehen. Ansonsten regierte die Wildvermehrung bis zum Übermaß mit allen nachteiligen Folgen namentlich für die Bodenvegetation.

Das Jagd(un)wesen hat der Schorfheide zweifelhafte Zugaben beschert, darunter einen kaiserlichen Sonderbahnhof mitten im Wald. Wilhelm II. konnte sozusagen in Schussweite zu jenem König der Wälder aussteigen, der dem Hofamt oder sonst einer unterwürfigen Institution wenigstens statistischen Anlass bot für einen Gedenkstein. Text: »Unser durchlauchtigster Markgraf und Herr, Kaiser Wilhelm II., faellte allhier am 20. IX. a. d. 1898 Allerhöchst seinen 1000. edel Hirschen von XX Enden.« Wagte ob solcher rühmlichen Tat etwa jemand die »überhöhte Wilddichte« (moderner Fachbegriff) zu kritisieren? Der geriet unter Honecker hinter Gitter wie Leo Resch, seinerzeit zu sechs Jahren Zuchthaus verurteilter späterer Forstamtsleiter in Groß Schönebeck.

Nachdem dann der Generalfeldmarschall und Reichspräsident Paul von Hindenburg die obligaten Schorfheide-Schüsse abgefeuert hatte, schien für den jahrhundertelang strapazierten Landstrich endlich Erholung in Sicht – 1929 wurde er unter Naturschutz gestellt. Frommer Wahn. Denn es nahte ein neuer Marschall, ja »Reichsjägermeister« von schier erdrückender Natur- und obendrein monumentaler Kunstliebe namens Hermann Göring. Der ballerte – Naturschutz hin oder her – wieder weiter und klotzte mit einem geltungssüchtigen, mehrfach erweiterten Anwesen (»Mein Speisezimmer hat das größte Fenster Europas«) eine der schönsten Stellen zwischen Forst und See zu. Reste dieses »Karinhall«, kurz vor Kriegsende auf Befehl des Hausherrn gesprengt, werden heutzutage manchmal aus verdienter Vergessenheit aufgestört. Wobei sich von weither anreisende deutsche Touristen als »Schatzsucher« mit Metalldetektoren und Taucherausrüstungen unrühmlich hervortun.

Ebenfalls am Großen Döllnsee waren bis 1994 weitere Zufallsbekanntschaften zu machen. Wer von einer kaum auf Karten verzeichneten schmalen Straße zum Ufer hinunterstieg, konnte unversehens einen Schluck Wodka und einen Löffel leckere Fischsuppe offeriert bekommen, deren wichtigste Bestandteile kurz vorher noch herumgeschwommen waren: An ihrem freien Tag angelten Unteroffiziere und Feldwebel einer russischen Truppeneinheit für den Kochtopf, der überm offenen Feuerchen dampfte.

Weiter geht's, daher, dahin, mit verhängten Zügeln ... Tatsächlich würde der Tagestourist manchmal gern auf ein Reitpferd übersteigen; denn in der Schorfheide haben sich einige der betagtesten Kopfsteinpflasterstraßen der Mark erhalten. Die Abenteuerpiste nach dem idyllischen Dörfchen Groß Väter muss aus der härtesten Steinzeit des Wegebaus stammen. Aber dann: Eben noch durchgerüttelt und die eigene Unternehmungslust ziemlich kritisch beurteilend, steht man plötzlich an einem umwaldeten See, wie er romantisch-stiller nicht in Kanada vorkommen mag. Zwei, drei Ruderboote gleiten über Sonnenreflexe. Bäume werfen sacht zitternde Spiegelbilder. Pilzsucher, die gerade aus dem Gehölz treten, lassen ihre Körbe sinken und schauen nur. Es riecht nach Sommererinnerung, und der Wind atmet Herbstreife.

Das durchaus nicht unangenehme Kontrastprogramm wird am Nordufer des Werbellinsees geboten. Die belebten Ausflugsgaststätten sind zahlreicher und komfortabler geworden. Segelboote zeigen sich. In Joachimsthal kommen Gedanken auf an das altehrwürdige, später nach Berlin verlegte Gymnasium, aus dem sich Kurfürst

Joachim Friedrich seinen Beamtennachwuchs holte. Und näher rückt das Jagdschloss Hubertusstock, lange allein den Spitzen der DDR-Klassengesellschaft und wenigen Gästen etwa vom Range Bundeskanzler Helmut Schmidts vorbehalten.

In Honeckers Jagdhaus »Wildfang«, ein Stück nordwestlich, zog eine Revierförsterfamilie. Der betreffende Schorfheideteil heißt »Suppenbruch«, ein anderer »Raupenfraß«, wieder ein anderer »Wolfsgarten«. Antiquierte Bezeichnungen? Keineswegs: Das gesamte Terrain ist kurios berühmt für seine »letzten Wölfe«. 1809 fiel, heißt es, der allerletzte. Ach wo, 1985 und am 3. Mai 1991 traf es sich, dass Isegrimm erneut an- und getroffen wurde. Aus Polen seien die Tiere eingewechselt. Mag sein, jedenfalls hüten sich die Förster längst vor abschließenden Beurteilungen der Wolfsjagd.

Sie haben überhaupt dazuzulernen. Seitdem das Biosphärenreservat Schorfheide-Chorin, mit 35 000 Ein-

Gegen-Licht-spiele in der Schorfheide

wohnern übrigens eine der am dünnsten besiedelten Gegenden Deutschlands, konzipiert und Ende 1990 durch die UNESCO anerkannt wurde, sind beispielsweise Kenntnisse im ökologischen Landbau gefragt. Wo früher auf Teufel komm raus melioriert, künstlich gedüngt, Gülle in Strömen abgelassen, die Landwirtschaft monströs aufgebläht worden ist, werden Förster nicht zuletzt als Bauernberater wichtig.

1817 hatte Daniel Gottlieb Scheer seine Qualifikation zum preußischen Unterförster dadurch nachzuweisen, dass er richtig antwortete auf die Frage: »Wie hoch, breit und lang wird ein Klafter Holz gesetzt, und wie viel Kubikfuß muss er enthalten?« Das reicht nicht mehr, wo es um sanften Tourismus oder um die Festlegung von Tätigkeitsmerkmalen für den Beruf eines Naturwarts geht. Das Reservat braucht sie unter anderem zum Schutz so genannter Kernzonen, in denen sich die Natur unter wissenschaftlicher Beobachtung völlig ungestört entwickeln soll, gewissermaßen urwaldartig und frei von Störern mit Trampelschritt und Mountainbike.

Günther Bellmann

TIPPS ZUR TOUR

Auf der B 109 gelangen Autofahrer über Wandlitz und Klosterfelde nach Groß Schönebeck und weiter in die umliegenden Schorfheide-Wälder. Wer vom Autobahndreieck Schwanebeck aus die A 11 benutzen will, kann die Ausfahrten Finowfurt, Werbellin oder Joachimsthal wählen.
Mit der RB 27, im Volksmund die gemütliche »Heidekrautbahn«, kommt man vom S-Bahnhof Karow (dorthin mit der S4 Westhafen–Bernau) im Zwei-Stunden-Takt nach Groß Schönebeck; die Fahrzeit beträgt knapp 70 Minuten.

KAFFEEKANNEN AUS MEISTERHAND

Im Fläming-Dorf Görzke werden seit 300 Jahren Gebrauchsgegenstände getöpfert

»Hebbt wi erst Bramborch und Zerwest/Kregt wi ok Goertsche, dat Düwelsnest!« Der Ursprung dieser militärstrategischen Spruchweisheit aus dem Mittelalter braucht uns nicht weiter zu interessieren. Wir entnehmen ihr als entscheidenden Hinweis: Görzke, unweit Wiesenburg im Hohen Fläming, ist ein Nest. Müsste ich nicht fürchten, beim nächsten Besuch geteert und gefedert zu werden, hätte ich geschrieben: Ein trostloses. Kein hervorragendes Gebäude, weder eine ansehnliche Kirche, noch Schloss, noch Burg, reinweg gar nichts gibt es hier zu sehen, Häuser mit mehr als zwei Geschossen sind selten. Das Ganze wirkt eher wie ein Dorf. Und doch ist Görzke ein Handwerkerstädtchen geblieben, von der Zeit der Zünfte bis heute.

Ein Drittel aller Gewerbebetriebe stammt noch aus dem 19. Jahrhundert, ein weiteres Drittel aus der Vorkriegszeit: Bodenständigkeit. Zwar ist der Peitschenmacher, den ein Verzeichnis von 1925 aufführt, zusammen mit den Ochsen- und Pferdegespannen verschwunden, aber die Töpfer gibt es noch, mittlerweile im dritten Jahrhundert.

Zugegeben: Der Vorschlag, wegen vier Töpfermeistern weit aufs platte Land hinauszufahren, klingt etwas gewagt in einer Zeit, wo der Töpferkurs in der Toskana längst sprichwörtlich und ein alter Hut geworden ist, seit jede Studienrätin einen mitgemacht hat. Aber die Töpferei in Görzke ist etwas Besonderes: Weniger alternatives Flair, sondern Handwerker stellen in Betrieben, halb Drechslerwerkstatt, halb Backstube, Dinge her, die es so schon seit Jahrhunderten gibt.

Trödelgänger wissen: Braune Milchsatten und Teigschüsseln, Napfkuchenformen und Zwiebelkrüge, wie sie noch vor 20 Jahren bei jeder Haushaltsauflösung halbdutzendweise anfielen, sind längst gesuchter und teurer Gegenstände geworden. In Görzke entstehen sie bis auf den heutigen Tag, Stück für Stück in Handarbeit.

Ganz früher waren es Flaschen, die aus Görzke kamen, inzwischen findet man die, selten genug, nur noch als Antiquitäten. Als der geeignete Ton dafür nicht mehr zur Verfügung stand, ging man zu Gurkentöpfen für die ländliche Einlegewirtschaft über, fertigte Henkeltöpfe für den Haushalt und für Fabriken jene Senftöpfe, die immer auf Zilles Budikerbildern zu sehen sind.

Solche Mostrichtöppe hat Klaus Kandler, in dessen Werkstatt ich zuerst gerate, als Geselle in den 50er Jahren noch im Akkord gedreht. Für 100 Stück bekam er 18 Mark, wenn sie mit Henkel, und 16, wenn sie ohne verlangt wurden; 18 Pfennige also für so ein schlichtes Stück, das in Berlin derzeit, geputzt zwischen anderem alten Kram, kaum unter 25 Euro zu haben sein dürfte. Aber da der stämmige Mann zwischen 180 und 220 dieser Zehnlitergefäße pro Tag schaffte, war der Verdienst damals nicht schlecht, mochte die Arbeit auch hart gewesen sein.

Ende der 70er Jahre bot die DDR noch einmal Praktikern die Möglichkeit, selbstständig zu werden. Kandlers bauten den Kuhstall aus, erhielten den nötigen Brennofen – Lieferfrist damals normalerweise zehn Jahre – und legten los. Die Aufträge waren kaum zu bewältigen, jedes individuelle Gebrauchsstück ragte aus dem Brei des Industrieangebotes heraus und hatte Konjunktur. Nach der Wende war das schlagartig vorbei. Erst langsam geht es jetzt wieder mit neu gewonnenen Kunden aus dem Westen weiter.

Das Besondere der braunen Fläming-Geschirre sind die natürlichen, chemiefreien Glasuren. Der Ton der Gefäße kommt zwar längst nicht mehr aus der Gegend, sondern aus Sachsen, aber die kleinen Mengen roter und grüner Tone für die matten Erdfarben der glänzenden Oberflächen, die finden Kandler und seine Kollegen nach wie vor in den Wäldern der Umgebung. Der Meister fertigt hauptsächlich dunkel- und hellbraune Satten

KAFFEEKANNEN AUS MEISTERHAND

In der Töpferei Bärbel Heinitz

und Kuchenformen, dazu wunderschön schlichte Kannen und Krüge, seine Preise sind bescheiden.

Walter Wagner, bei dem Kandler früher die Senftöpfe gedreht hat, zwei Straßen weiter, führt seinen Betrieb wie Peter Ludwig, zu dem wir später noch kommen werden, auf das Jahr 1746 zurück. Auch Wagner hat die Wende zu spüren bekommen. Von früher sieben Töpfern arbeiten noch drei. Gebrannt wird in einem kohlebefeuerten, begehbaren Ofen aus dem Jahr 1933, der noch zu DDR-Zeiten als technisches Denkmal eingetragen wurde. Ist das Brenngut geformt, getrocknet und glasiert wird es in der Ofenkammer gestapelt und deren Eingang zugemauert. Der Brand erfolgt bei 1 280 Grad.

Wagner selbst stammt aus dem Sudetenland und hat nach 1945 in das Geschäft eingeheiratet, noch ein paar Jahre und sein Sohn wird den Betrieb übernehmen. In der wie vielten Generation? Der Vater weiß es gar nicht genau zu sagen. Wagners fertigen das Braungeschirr in womöglich noch größerer Auswahl als Kandler, die Preise sind nur wenig höher. Ihre Spezialität sind schlanke, klassisch geformte Vasen.

Als nächstes geht es auf der Chausseestraße, wie die B 107 in Görzke heißt, bis zur nächsten Ecke und dort rechts in die Wiesenburger Straße hinein. Der hohe Schornstein weist den Weg zum gegenwärtig größten Betrieb, dem von Peter Ludwig, dessen Vorfahr bereits 1746 in Görzke getöpfert hat. Der Generationswechsel hat hier schon stattgefunden, und auch der Ofen wird nicht mehr mit Braunkohle sondern mit Öl befeuert. »Es ist ja nicht nur der Umwelt, sondern auch der eigenen Gesundheit wegen. Die Asche, die nach jedem Brand von Hand aus dem Ofen geholt werden musste, gaste aus, und das war giftig!«

Bei Ludwig arbeiten fünf Leute, davon drei Frauen. »Die Männer können zwar leichter schwere Stücke heben, aber weibliche Hände sind geschickter bei feinen Arbeiten.« Nachwuchsprobleme gab es schon zu DDR-Zeiten nie. »Die wollten doch alle raus aus der staatlichen Mühle. Dafür haben selbst 50-Jährige noch einmal als Lehrlinge angefangen. Noch ein paar Jahre weiter und die DDR wäre ein Land der Töpfer gewesen!«

Neben der üblichen braunen Ware stellt Ludwig Geschirr in jener farbig getüpfelten Buntglasur her, die nach ihrem schlesischen Ursprungsort Bunzlau genannt wird. Bevorzugt werden einfache Formen. Für eine Bunzlauer Kaffeekanne in warmen, sanften Farben verlangt Peter Ludwig etwa 40 Euro.

Wir begeben uns zurück an den Anfang unseres Rundganges, ein paar Häuser von den Kandlers entfernt, windet sich eine Girlande bunter Töpfe um einen Baum, ein Schild weist in die Tiefe des großen Gehöftes, und vorbei an bunten Skurilitäten aus farbigem Ton gelangt man zur Werkstatt von Bärbel Heinitz. Auch sie hat eingeheiratet, die Familie ihres Mannes betreibt seit über 100 Jahren in Görzke Töpferei. Noch immer ist wie bei Wagner der große Kohleofen in Betrieb. Aber die Heinitzschen Räume erinnern als einzige an kunstgewerbliche Töpfereien. Zwar wird auch hier das ursprüngliche braune Geschirr gebrannt, doch schon die Art, wie die fertigen

Stücke auf alten Möbeln dekoriert sind, verrät Sinn für Wirkung und Spaß an der ländlichen Kultur.

Es ist still in der Werkstatt. Ein Teil der Fenster geht ins Grüne, und als ein langes Brett mit sechs weißen Krügen vom Trockengestell gehoben wird, abgesetzt und ein Stück auf die Töpferscheibe gestellt wird, um mit winzigem Schwämmchen das Bunzlauer Muster aufzubringen, merkt der städtische Betrachter, in was für eine alte Welt er da geraten ist. Die Arbeitsabläufe dürften sich seit 100 oder 200 Jahren nicht geändert haben. Sie besitzen eigenen Rhythmus, einen ruhigen Fluss, der vom Material bestimmt wird. Man möchte auf einmal gar nicht mehr weg: Hier lasst uns bleiben, Töpfe drehen und aus dem Fenster gucken, Berlin ist noch viel weiter weg, als es das ohnehin ist, und man erfährt: Das ginge sogar. Man könnte sich einmieten, als Familie oder Gruppe, Unterricht inklusive, für Kinder gäb's ein Pony ... Und mag Görzke als Stadt auch eine Fehlbesetzung sein, als großes Dorf, als Sommerfrische, an vier Seiten von Wäldern umgeben, rieselnde Wässer überall, ist es ideal.

Man könnte durch den Wald nach Reetz laufen und sich Töpferei im Großen ansehen: Das technische Denkmal eines Ringofens für den Brand von Ziegelsteinen, bis vor ein paar Jahren noch in Betrieb. Oder aber eine Wanderung unternehmen ins nahe Hohenlobbese, um dort dem Geist des Fläming zu begegnen. Auf dem Friedhof. Einmal, weil hier die typische Feldsteinkirche – ein Neubau nach dem 30-jährigen Krieg auf alten Resten – turmlos über die sandige Feldflur blickt. Vor allem aber gibt es da einen Grabstein aus den 80er Jahren. In goldener Fraktur steht dort auf schwarzem Granit zu lesen, was der Fläming seinen Besten über das Grab hinaus rühmend nachzurufen sich zur Ehre macht: »Kartoffelspezialist«.

Michael Winteroll

TIPPS ZUR TOUR

Das kleine Bähnchen nach Görzke fährt nicht mehr. Wegen der Entfernung von rund 100 Kilometern ist man daher, wenn man am selben Tag wieder zurück will, auf den eigenen Wagen angewiesen: Autobahn Richtung Magdeburg, Abfahrt Ziesar, B 107 nach Görzke.
Ein Besuch des Dorfes lohnt natürlich in erster Linie wochentags, weil dann die Werkstätten geöffnet sind. Hier die Adressen der einzelnen Töpfereien (aber jeder Einwohner zeigt gern den Weg) in der Reihenfolge unseres Beitrags:

Klaus Kandler/Haushalts- und Tonwaren
Werkstatt: Breite Straße 16 (neben der Gemeindeverwaltung)
Falls geschlossen, bei der Feuerwehr in der August-Bebel-Straße melden.
14828 Görzke, Tel. (03 38 47) 4 02 62

Walter Wagner/Tonwaren
Chausseestraße 54 (an der B 107),
14828 Görzke, Tel. (03 38 47) 4 02 39

Peter Ludwig
Wiesenburger Straße 2, 14828 Görzke,
Tel. (03 38 47) 4 02 65
Werkstatt geöffnet von 7–18 Uhr, Sa. bis 13 Uhr

Bärbel Heinitz
Breite Straße 23, 14828 Görzke, Tel. (033847) 4 03 22
Werkstatt beim Haus, Besuchstermin evtl. auch telefonisch vereinbaren.

Märkische Berge und märchenhafte Seen

Hier fanden sogar brandenburgische Skisprung-Meisterschaften statt – Ein Ausflug ins Dahmeland

Nach strengen Wintern vermag sich der Frühling nicht so rasch zum Gesamtkunstwerk aufzuschwingen. Was sich draußen vor den sinnbildlichen Toren der Stadt abspielt, ist allenfalls eine konzertante Aufführung. Die freilich melodisch und vielstimmig: Amsel, Drossel, Fink und Star und weitere Sänger lassen ihre Lieder nicht länger einfrieren. Sie müssen heraus, mögen die Schnäbel auch oft als Transportmittel für Nestbaumaterial herhalten. Ansonsten ist Berlins Umland dringend auf das in Fausts Osterspaziergang beschworene »bunte Gewimmel« angewiesen, um doch noch an Farbe zu gewinnen.

Also hinaus in die fahlgelblichen Wiesen und unter unbelaubte Birken; der dabei getragene Anorak kann gar nicht grün genug sein. Und auch bei kühler Witterung gibt's einiges zu entdecken. Fremdartige Reize belohnen Unverzagte: Die Frühsonne zwingt mühsam, aber erfolgreich Hochnebelschwaden auseinander. Der märkische See, noch halb vom Eispanzer eingeschlossen, übt sich in erstem Wellengekräusel. Feld und Wald liegen nur scheinbar leblos da, man meint die Anspannung zu spüren – bald muss es doch endlich losgehen mit Wachsen und Blühen.

Auch beim Königs Wusterhausener Fremdenverkehrsverband Dahmeland sind Vorbereitungen getroffen. Man wirbt für »Natouren«; zu Fuß, per Rad, mit dem Boot oder zu Pferd möge der Tourist ausschwärmen in eine südöstlich an die hauptstädtische Peripherie anschließende Region, die sich über Märkisch Buchholz bis an den Spreewaldrand und nach Storkow hin erstreckt – eben Dahmeland. Faltblätter orientieren über einzelne Gebiete und schlagen Routen vor.

Ebenso kann jedermann selbst einschlägige Karten

hernehmen und sich allein seinen Weg durch eine Landschaft suchen, in der die bekannten grünen Hinweispfeile erfreulich dicht stehen. Als Ausgangspunkt zu empfehlen ist die kleine Gemeinde Prieros an der B 246, nicht zuletzt wegen ihres Heimathauses im alten schilfgedeckten Fachwerkbau. Für Interessierte wird dort schon mal die Vitrine geöffnet und jenes Gästebuch des weiterhin bestehenden Wirtshauses »Zur Linde« zum Durchblättern freigegeben. Da zeigt sich dann, dass der Ort als Ausflugsziel Tradition hat. Bis 1927 reichen die Eintragungen zurück, und schon manche Berliner entdeckten Autogramme ihrer Eltern oder Großeltern.

Zwischen den Erinnerungen »an froh verlebte Stunden« – so Fritzi B. von einer »Berliner Damen-Rudergesellschaft« vor 70 Jahren – verblüffen Niederschriften etlicher Teilnehmer an »Eierfahrten«, die nicht nur zu Ostern, sondern mehrfach am 1. Januar stattgefunden haben. Wer nämlich gleich zu Jahresbeginn Kälte verachtend die Dahme aufwärts gerudert oder gepaddelt kam, wurde in der »Linde« mit besonders leckeren Eiergerichten willkommen geheißen.

Nahe dem Museum an der Dorfaue beginnt – Markierung blauer Punkt auf weißem Grund – ein Wanderweg zum Huschtesee, in zwei Stunden bequem zu schaffen. Es gibt einen Aussichtsturm mit Wiesenblick und eine angenehme Badestelle, Offerte für bessere Tage, mit makabrer historischer Überlieferung: Als marodierende russische Soldaten im Siebenjährigen Krieg 1760 die Prieroser schreckten, geriet den aufgebrachten Dörflern ein einzelner Kosak in die Fäuste. Der Unglückliche wurde erschlagen und die Leiche ins Wasser geworfen – an dem Punkt des Seeufers, der angeblich seither »Russenablage« heißt ... Soviel zum tiefschwarzen Humor Brandenburgs.

Gärtnern aller Art vom Laubenpieper bis zum Profi bietet Prieros zwei Studienobjekte. Im botanisch-naturkundlichen Lehrgarten wachsen rund 250 Nadelgehölze. Der benachbarte Lehr- und Informationsgarten für biologischen Gartenbau und naturgemäße Gartengestaltung vermittelt hauptsächlich praktische Kenntnisse.

Unter anderem führen Wochenend- und Feierabendkurse in Fertigkeiten des Biogärtnerns ein.

Nicht auf dem Umweg über die B 179, sondern querwaldein sollte sich der Tagestourist dann dahmeaufwärts nach Märkisch Buchholz durchschlagen. Die naturgemäß unübersichtlichen Forstpfade lassen die Benutzung eines Kompasses geraten erscheinen. Süden, immer Süden ist die richtige Richtung.

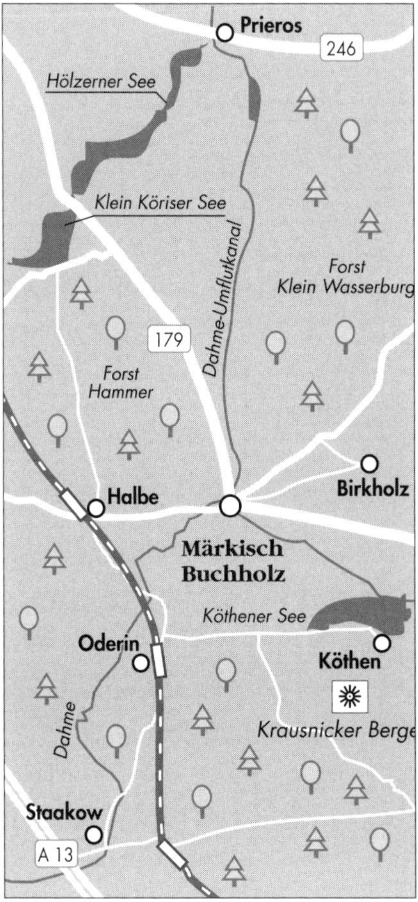

Eine äußerlich ansehnliche Informationsbroschüre, früher von der Stadtverwaltung, inzwischen vom örtlichen Fremdenverkehrsverein herausgegeben, schrumpfte leider zum Gastgeberverzeichnis und Anzeigenheftchen. Die interessanten heimatgeschichtlichen Beiträge der Erstauflage fehlen. Und im Farbfototeil fehlt, unverzeihlich, die Abbildung eines bemerkenswerten Grabes auf dem Friedhof. In Märkisch Buchholz bestattet ist der Dichter Franz Fühmann (1922–1984), zu DDR-Zeiten wegen seiner Unangepasstheit permanentes Objekt von Verfolgung durch die Staatssicherheit.

3644 Seiten Ausspähungsberichte und Denunziationen hatte die »Firma« über den Verfasser so bedeutender Arbeiten wie der Georg-Trakl-Essay »Sturz des Engels« oder verschiedene erzählerische Auseinandersetzungen mit dem Faschismus (»Das Judenauto«, »König Ödipus«) zusammengeschustert. Bis in sein bescheidenes Einöd-Häuschen am Weg von Märkisch Buchholz nach Birkholz verfolgten die Spitzel den zuletzt sehr Einsamen. Franz Fühmanns Grab aufzusuchen ist so etwas wie Ehrenpflicht und die Inschrift des Steins reicher Anlass zum Nachdenken: »Ich grüße alle jungen Kollegen, die sich als obersten Wert ihres Schreibens die Wahrheit erwählt haben.«

Auf der am Friedhof vorbeiführenden Straße, die gen Südosten in einiger Entfernung parallel verläuft zum Spree-Dahme-Umflutkanal, wird als ergiebiger Zielort dieser Tagestour das Dorf Köthen erreicht. Ganz in der Nähe, Richtung Krausnicker Berge: mehrere Heideseen, deren stille Schönheit beachtet und geachtet sein will. Am Schibing- oder Märchensee wünscht man sich bei der Umrundung des zauberhaften, in einer tiefen Senke liegenden Gewässers keine Störungen. Der Weg kann streckenweise wie auf einer Galerie zurückgelegt werden: Er führt in halber Höhe des ungefähr 20 Meter aufragenden Uferhanges den See entlang und gewährt Blicke in badewannenartige Wildschweinsuhlen.

Märchensee? An seinem Rand sollen einst Raubritter eine Pfahlburg erbaut haben, bestimmt zum Versteck von Beute aus Überfällen auf Kaufleute, die die nahe gelegene alte Handelsstraße Berlin–Prag benutzten. Als den wacker verfolgten Verbrechern die Gegend zu heiß wurde, hackten sie ihre Mini-Festung um. Der Holzbau kippte ins Wasser und riss zwei Übeltäter und eine von ihnen gefangen gehaltene Frau mit. Alle seien ertrunken, zeigen sich aber angeblich manchmal um Mitternacht als Fee respektive in ihrer bedrohlichen Originalgestalt. Übrigens fanden Sporttaucher 1966 an der überlieferten Stelle Pfahlreste.

Auf dem 144 Meter hohen und zu den Krausnicker Bergen gehörenden Wehlaberg, stattliche Erhebung der Mark, haben bis in die 1960er Jahre brandenburgische Skisprung-Meisterschaften (!) stattgefunden; der Rekord stand bei 21,50 Metern. Annäherung an die Krausnicker Berge, von wo aus bei klarem Wetter Berlins Müggel- und Fernsehturm zu erkennen sind, ist ausschließlich zu Fuß oder Fahrrad möglich. Was allzu passionierte Autofahrer als Glücksfall verstehen sollten: Ehedem irrte mancher auf der Suche nach seinem irgendwo im Wald geparkten Fahrzeug stundenlang orientierungslos herum.

Günther Bellmann

TIPPS ZUR TOUR

Die Route eignet sich am ehesten für Radfahrer, die mit der S-Bahn im 20-Minuten-Takt nach Königs Wusterhausen gelangen. Ab da 16 Kilometer bis Prieros. Von Köthen aus bietet sich stündliche Rückfahrt nach Königs Wusterhausen oder Berlin-Schöneweide ab Oderin bzw. Halbe mit der RB 14 an.
Wanderer fahren mit derselben RB 14 ab Schöneweide nach Halbe und schlagen einen Bogen über Märkisch Buchholz und Köthen bis zum Bahnhof Oderin (rund 20 Kilometer).
Autofahrern bleiben hauptsächlich die Bundesstraßen 179 und 246, eventuell noch ein Stück der A 13 bis Ausfahrt Staakow.

GOTIK IN DER WÜSTE

Uckermark vor 200 Jahren – Aus den Erinnerungen eines Landpfarrers

In den Tagestouren ist so oft von alten Dorfkirchen die Rede, dass auch einmal von einem Landpfarrer berichtet werden soll, in diesem Fall einem etwas älteren Zeitgenossen Fontanes. Wie so einer gelebt hat, weiß das Klischee: inmitten seiner Schäfchen, aber deren mühsamen Alltags enthoben, mit wenig mehr als der Ausarbeitung der sonntäglichen Predigt beschäftigt, konnte er steinalt werden, wenn ihm nicht bei einem Taufessen eine Gräte quer kam. Abends durfte er im Gutshaus mit der Patronatsherrin von schönen Dingen sprechen und bei einem Spielchen Wein und Zigarren des Hausherrn loben. Die Kirche war gut besucht, denn die Bibel musste noch Zeitung und Fernsehen ersetzen.

Bei der ersten Predigt des jungen Hilfsgeistlichen Karl Büchsel (1803–1889) im Sommer 1827 bot sich ein weniger idyllisches Bild: »Der Kirchhof war Wüste, die Kirche unreinlich, und von der ganzen großen Gemeinde kamen vier Männer ... kein Kind und kein Weib«, und der nächste Versuch, zwei Stunden später, vor ein paar Gläubigen mehr, verlief nicht viel besser: »... die meisten Leute schliefen sehr bald ein, und nur wenige bestanden den Kampf ... insoweit, dass sie nicht gerade den Kopf fallen ließen.«

In der Gegend von Prenzlau war das, und dort beginnt auch der Rundkurs von gut 40 Kilometern zu den Schauplätzen der »Erinnerungen aus dem Leben eines Landgeistlichen«, aus denen hier zitiert wurde.

Der Krieg hat viele ramponierte Stadtbilder hinterlassen. Wenig Altes mischt sich mit viel Neuem. Alte Großbauten, wie Kirchen, sind dann meist zerstört. In Prenzlau ist es umgekehrt. Alles, was sich eine reiche Stadt vor sechs Jahrhunderten leisten konnte: Mauern und Tore, eine riesige Stadtkirche, Franziskaner-, Dominikaner- und andere Klöster mit ihren Kirchen, Spitäler samt Kapellen, steht, wenn auch oft beschädigt, an seinem Platz.

Aber die dazugehörige Stadt ist weg! Renaissance und Barock, Zopfstil und Historismus, Jugendstil und Neues Bauen, alles was andernorts den Wandel der Zeiten sichtbar bleiben lässt, fehlt hier. Zwischen den feingliedrigen Herrlichkeiten der Gotik dehnt sich die pure Wüste, besetzt mit Wohnblocks der Nachkriegszeit. Blechhütten am Fuß der Pyramiden. In 20 Jahren wird man vermutlich hierher reisen, um sich das anzusehen. Was wohl Pfarrer Büchsel dazu sagen würde?

Als die letzten Prenzlauer Kirchen gebaut wurden, lebten die Büchsels noch als Bauern im Schweizer Emmental. Anfang des 18. Jahrhunderts zog der erste als Seidenarbeiter nach Berlin, Stammvater einer märkischen Pfarrerdynastie.

Wir nehmen die westliche Ausfallstraße (B 198) Richtung Neubrandenburg und folgen nach drei Kilometern rechts dem Hinweisschild in das nahe Schönwerder. Sonntag ist es und Kirchzeit, aber der alte Feldsteinbau bleibt zu. Hier also war das »große, schöne Dorf«, das den jungen Anfänger so in Atem hielt, dass er noch im Alter oft davon träumen sollte.

Neben der Kirche liegt stattlich das große Pfarrhaus. Seinerzeit betrieb man eine ausgedehnte Landwirtschaft, immer gab es zu tun, und der neue Hilfspfarrer beobachtete als erstes, dass die Pfarrmägde, statt zur Kirche zu gehen, die Wäsche aufhängten. Seine Vertrauensperson wurde denn auch nicht der gutmütige Vorgesetzte, mit dem er abends Dame spielte, sondern der Küster. Von ihm lernte er, beim Gruß der Leute die Kappe aufzubehalten, mit ihm zusammen hielt er Schule und sah, wie die Schüler sich immer dem sozialen Rang nach setzten, Bauern-, Büdner- und Tagelöhnerkinder hintereinander.

Der besondere Reiz des Buchs ist, dass es keine altersverklärten Anekdoten bietet, bemüht, dem eigenen Gaul Zucker zu geben und den Leser bei Laune zu halten. Büchsel ging es darum, jungen Predigern mit handfestem Erfahrungswissen bei ihren ersten Schritten zu helfen. Und gerade das hält den heutigen Leser bei der Stange. Er darf einen durch keinerlei Sentimentalität getrübten Blick tun in ein märkisches Dorf von vor 200 Jahren. Man braucht die lutherische Orthodoxie des Verfassers nicht zu teilen, um davon angerührt zu sein, wie der junge Dorffremde Schritt für Schritt Vorurteil und Selbstgefälligkeit ablegt, um den Menschen nahe zu kommen. Wie er lernt, mit dem saufenden Schuster ebenso zu reden wie mit Witwen, reichen Bauern oder Kindern.

Gegenüber geht die Tür auf, bei Kälte wird im kleinen Saal Kirche gehalten. Der Pfarrer im Talar verabschiedet ein Dutzend Besucher. Er kann nicht viel älter sein als damals sein Vorgänger. Wir gehen, bevor wir weiterfahren, ganz um die Kirche herum, denn neben dem der Straße zugewandten reich gegliederten Ostgiebel besitzt sie auf der Westseite im Schatten der Kirchhofmauer ein ungewöhnlich aufwendig abgetrepptes Portal mit kelchförmig gekehlten Kämpferplatten. Vielleicht hat der nahe Reichtum Prenzlaus aus dem Ostseehandel hier abgefärbt. Am Ortsausgang folgen wir nicht der sanften Linksbiegung der Straße, sondern wählen einen Feldweg längs der Ücker. Im Mittelalter führte sie mehr Wasser als heute, Kähne und kleine Schiffe stellten den Verkehr mit Küste und Bodden her, trugen Salz, Hering und Luxuswaren landeinwärts.

Das nächste Dorf heißt Bandelow. Ob es jene Tochtergemeinde war, in der ein Bauer nur zur Kirche kam, um laut schnarchend zu schlafen und auf die Frage, warum er nicht gleich zu Hause geblieben sei, antwortete, dort ließen ihn die Fliegen nicht in Ruhe und in der Kirche sei es schön kühl. Von Bandelow geht es nach Nechlin. Wir überqueren die Ücker und gelangen in das am anderen Ufer gelegene Nieden. Wenn es sich ergibt, sollte man einen Blick auf die prächtige Innenausstattung des Kirchleins werfen (Altar von 1618; Kanzel von 1710). Kurz nach der Jahrhundertwende hat der Berliner Architekt Bruno Taut an ihrer Wiederherstellung mitgewirkt.

Rückseitiges Kirchenportal in Schönwerder

Weiter geht es über die B 109 hinweg nach Damerow und von dort nach Schönfeld, dem langjährigen Wirkungsort Büchsels. Schon sein Vater hatte hier amtiert, und er selbst wurde nun nach einem guten Jahr in Schönwerder dessen Nachfolger. Ein großer Teil der erfahrungsgesättigten Ratschläge für junge Geistliche wurzelt in diesen Schönfelder Jahren zwischen 1828 und 1841. Enttäuschung: Die Kirche ist eine Baustelle, und es scheint nachgerade alles erneuerungsbedürftig, Giebel, Dach, Fenster, Wände. Besichtigung unmöglich. Das Pfarrhaus gegenüber ist dagegen schon renoviert. Kann man jemanden am frühen Sonntagmorgen wegen eines Amtsvorgängers von vor 170 Jahren herausklingeln?

Unbegründete Sorge, die Büchsels sind hier wohl bekannt. Ein kleiner Rahmen birgt sogar das Bildnis C. B.s, möglicherweise eine Handskizze Adolph von Menzels. Kirche und Pfarrhaus haben, erfahren wir, über zehn Jahre brach gelegen.

Inzwischen ist die Erneuerung der Kirche abgeschlossen. Bei der Orgelweihe saß ein direkter Nachfahre Carl Büchsels am Manual, und auch die anderen Gotteshäuser des Büchselschen Sprengels sind oder werden mit großen Opfern der Gemeinden wieder hergestellt.

Zum Abschied ein Rundblick über den verwilderten Kirchhof, einst Schlosspark der Grafen von Berg, und zurück geht es über Klokow zur Straße Prenzlau–Brüssow. In Brüssow war Büchsel ein paar Jahre Superintendent, bevor man ihn nach Berlin rief als ersten Prediger an die von Stüler neu erbaute Matthäikirche.

In Berlin wurde Büchsel eine Zelibrität. Die »Allgemeine Deutsche Biographie« rühmt ihm eine »lautere, schlichte, derbe Persönlichkeit« nach, »die ohne Furcht vor Menschen und ohne Rücksicht auf die Lebensstellung seiner Gemeindeglieder mit psychologischem Scharfblick seelsorgerlich eine bedeutsame Wirksamkeit entfaltete. In seinen Predigten verkündete er in einfachster Weise unermüdet die Kerngedanken des Evangeliums und wusste aus allen Ständen der Reichshauptstadt eine große Schar dauernd um seine Kanzel zu sammeln«.

Eine Lexikonfigur aus der Uckermark also und zugleich ein orthodoxer Rebell gegen die rationalistisch-diesseitige Glaubenshaltung der Aufklärungszeit. Dass damit ein strikter politischer Konservatismus einherging, versteht sich von selbst. Den Tod Friedrich Wilhelms IV. erklärt Büchsel seinen Lesern aus königlicher Kränkung über die Revolution von 1848.

Er war ein Stück Preußen und wurde ein Stück Berlin: Als Adolph v. Menzel die Krönung Wilhelms I. malte (heute Potsdam, Neues Palais), gehörte der Generalsuperintendent im Vordergrund gewissermaßen zum Inventar. Populär blieb er auch. Seine Erinnerungen, 1865 zuerst erschienen, erfuhren 100 Jahre lang Auflage um Auflage.

Wir sind wieder in Prenzlau, und auf einmal – Tiergartener mögen es verzeihen – erinnern die verloren herumstehenden alten Kirchen ein bisschen an das heute so einsame Matthäikirchlein am Berliner Kulturforum. Büchsel aber kann dafür nun wirklich nichts.

Michael Winteroll

Tipps zur Tour

Prenzlau erreicht man mit der Regionalbahn.
Autofahrer gelangen entweder auf der staugefährdeten B 109 nach Prenzlau oder auf der A 11 Richtung Pomellen bis zur Abfahrt Prenzlau.
»Die Erinnerungen aus dem Leben eines Landgeistlichen« sind nur antiquarisch erhältlich.

LEISE SCHAUKELT DAS EILAND

Mit dem Motorboot von Zeuthen zum Scharmützelsee

Wann war es eigentlich am schönsten? Keine Frage: Sonntagmorgen. Nirgends ein Schiff auf dem Scharmützelsee, bloß wir, den Diesel abgestellt, eine Privatinsel auf märkischem Meer. Die Glauer Berge fern, auf Fürstenwalde zu, blau und dunstumwoben, geben Bodenseefeeling. Ein, zwei Segel, weit hinten. Ruhe. Plätschern. Der Wind streichelt unsere Gesichter. Etwas ungläubig nehmen wir das seltene Gefühl der Wunschlosigkeit wahr.

Nirgends ist man so weit von allem weg wie auf einem Boot. Das hat Folgen. Denn es betrifft leider nicht nur die Steuervorauszahlung, sondern auch Dinge, die man sonst immer gern wahrgenommen hat, Kirchen zum Beispiel, ein Schloss, ein Kloster. Die Wegmarken jeder Landpartie werden auf dem Wasser gegenstandslos. Vom Boot aus ist davon ohnehin selten etwas zu sehen. Und jedesmal anlegen? Selbst wenn es immer den passenden Steg gäbe (es gibt ihn nicht!), man verspürt auf einmal nicht mehr die geringste Lust dazu! Somnabuler Interesseverlust, der Berliner spricht von Wurschtigkeit. Multiplizierte man dieses Gefühl mit der Anzahl der vorhandenen Boote, ließen sich so beklagenswerte Zustände wie die Politikferne großer Bevölkerungsteile mühelos erklären: Diagnose Wassersport. Aber wir sind keine Soziologen, sondern Insulaner. Leise klappert das Geschirr auf dem Tisch, es steht noch vom Frühstück da, selige Faulheit. Das Eiland schaukelt leise.

Reif für die Insel waren auch alle, Erwachsene wie Kinder, als wir das Boot Freitagmittag übernahmen. Eine gute Stunde Verkehrsstress bis nach Zeuthen zur Charterbasis, Einweisung an Bord, Check des Inventars, Gepäckverladen. »Wie lange woll'n Se weg? Bloß das Wochenende?« Der Mechaniker lacht angesichts unseres

Taschengebirges. Aber nachher ist dann doch zu wenig Brause und Mineralwasser an Bord, denn es wird richtig heiß. Auf zum Scharmützelsee! Warum gerade dorthin? Das werden wir uns unterwegs auch oft fragen, wenn überwachsene Winkel locken oder melancholische Seen viel einsamer daliegen als das große Wasser bei Saarow-Pieskow. Aber der Mensch braucht ein Ziel, sonst könnten wir schließlich gleich hierbleiben und vor der Haustür ankern.

Dass wir überhaupt zum Scharmützel fahren können, verdanken wir der Flößerei im vorigen Jahrhundert. Aus den tiefen Wäldern von Beeskow-Storkow sollte Bauholz in die große Stadt, und das ging am billigsten auf dem Wasser. Man verband die Seen des Ländchens miteinander und alle zusammen dann mit dem Fluss Dahme. Von Zeuthen geht es deshalb an Königs Wusterhausen vorbei die Dahme hoch bis Dolgenbrodt, dort zweigt jene Seen- und Kanalstrecke ab.

Bad Saarow, Parkufer des »Palais am See«

LEISE SCHAUKELT ...

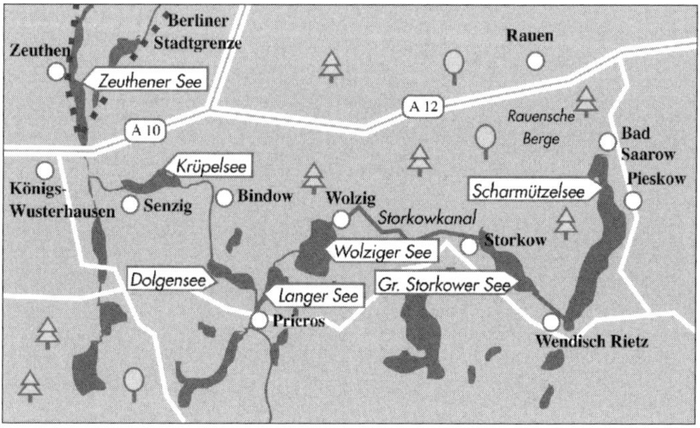

So muss Wasserwandern sein! Jedesmal wenn man von der Kurbelei in engen Kurven gerade genug hat, öffnet sich der Weg auf eine weite Seenlandschaft hinaus, und kurz bevor die Seele sich endgültig in Himmelblau und Katzenpfötchenwellen auflöst, schieben sich wieder Bäume heran, und das Boot taucht in den Halbschatten des nächsten Kanalstücks, Biegung folgt auf Biegung, und das Spiel beginnt von neuem.

Was es doch für hübsche Wassergrundstücke gibt! So wenig uns auch von den üblichen Sehenswürdigkeiten vor Augen kommt, am Ende der Fahrt sind wir kompetente Datschologen. »Brandenburg«, könnten wir etwa dozieren, »war einmal ein Land anspruchsvoller Bauherren, die sich begabte Landhausarchitekten suchten, die wiederum gute Maurer, Zimmerleute, Dachdecker und Spengler beauftragten, die dann sorgfältig ihr Material auswählten und zu bauen anfingen, mal größer, mal kleiner, oft ganz klein. Und heute, nach 60 oder 80 Jahren guckt man all die Veranden, Erker, Dachvorsprünge, Fensterläden, Freitreppen und Terrassen immer noch gern an.« Eine Sage aus versunkener Zeit. Wo der Blick auf Modernes fällt, wird's stets peinlich.

Schluss des Vortrags, Konzentration ist nötig, es naht eine Schleuse. Vier liegen auf dem Weg. Eng sind sie. Aber dank ausgefeilter Technik lässt sich unser Dampfer auf den Punkt steuern: Ein leichter Druck auf einen Folienschalter wie zu Hause an der Mikrowelle, und Bug oder Heck schieben sich genau in die gewünschte Position, ein Kinderspiel. Apropos: Sogar die Kinder an Bord, 11 und 15, steuern den Kahn bald zielsicher um jede Kurve und finden Spaß an der Sache. Eine der vielen Brücken allerdings scheucht uns aus dem Wasserphlegma. 100 Meter davor wird schlagartig klar: Das schaffen wir nie, da passen wir einfach nicht drunter durch! Ein Sprung aufs Kajütdach, hastiges Gefummel, um den Mast für die Positionslichter flachzulegen, und so gerade eben geht es nochmal gut. Wer kommt aber auch darauf, dass Brücken so flach sein können!

Abends liegen wir in Wendisch-Rietz, um die Ecke der Scharmützelsee. Der Hafen gehörte früher zu einem Pionierpark. Jetzt herrscht im Vordergrund die große Brache und im Hintergrund vermutlich die dicke Spekulation. »Mach mit, bleib fit!«, empfiehlt ein Schild. Ja, wenn das so einfach wäre! Der Hafenmeister kassiert ein bescheidenes Hafengeld für die Nacht, weil wir mit unserem fahrbaren Wasserschloss völlige Selbstversorger sind und reinweg gar nichts brauchen, kein Wasser, keinen Strom, nicht mal das Klo, denn dem Schiff sind gleich zwei Toiletten eingebaut, und wir fahren unseren eigenen Abwassertank spazieren. Überhaupt das Boot! In der Kajüte (Salon heißt das auf seemännisch), eigentlich eine große Wohnküche, können wir zu viert bequem am Tisch »Uno« spielen und vierflammig kochen wie zu Hause. Abends lässt sich am Thermostat die gewünschte Temperatur für die Nacht einstellen, und duschen geht auch immer, zwei Schlafzimmer gibt es. Maschine und Schraube hat die Werft so gewählt, dass Wellenschlag selbst bei Vollgas vermieden wird, kaum zu hören ist das Ganze auch und sparsam obendrein.

Abendspaziergang. Wir schlendern ins Dorf, müde von Sonne und Wasser. Zu sehen gibt es nichts groß. Stattdessen bekommen wir die Lebensbeichte eines Zehnjährigen zu hören: »Weeßte, watt ick ma' war?«, fragt er den Freund. Lange Pause. »Bayernfan!« Seiner Stimme ist so viel Verwunderung über das eigene Ich von gestern anzuhören, dass wir dem nichts hinzuzufügen haben.

Die Rückfahrt anderntags ist wie der Hinweg. Seen, Reiher, ab und zu ein paar andere Wasserfahrer im Schilf, Störche, Datschen und noch mehr Datschen. Wir könnten noch tagelang so weiterfahren. Durch die Stadt zur Havel und hoch Richtung Mecklenburg. Möglichkeiten ohne Ende! Mit aufrichtigem Bedauern legen wir schließlich wieder am Steg der Charterfirma an, haben alle Hände voll mit Ausladen zu tun, und überlassen das Schlusswort daher dem Büchlein »Tourenfahren im Motorboot« (»Preis elegant gebunden 3 Mark«) aus dem Jahr 1913: »Wer unabhängig von eigener Kraft und Gunst der Winde unseres schönen deutschen Vaterlandes Seen und Flüsse kennenlernen will, der sollte sich als eines bequemen und zuverlässigen Mittels dazu des Motorbootes bedienen.« So isses.

Michael Winteroll

Tipps zur Tour

Wir waren mit einem zehn Meter langen Boot des Typs Vetus 1000 der Firma Kuhnle Tours unterwegs (Infos, Preise, Reservierungen über Kuhnle-Tours,
Tel. (07 11) 16 48 20, Fax (07 11) 1 64 82 60
E-Mail: info@kuhnle-tours.de
Internet: www.kuhnle-tours.de. Mit vier Personen an Bord war es sehr bequem, alle Schlafmöglichkeiten ausgenutzt, hätten acht mitfahren können. Es werden auch kleinere Bootstypen angeboten, und es gibt auch andere Charterfirmen.

SILVESTERKARPFEN FÜR BERLIN

Nach Peitz zum »Großen Fischzug« und in Brandenburgs erste Rüstungsfabrik

Im Herbst fischen sie wieder, die Niederlausitzer Fischer. Und werden nicht einhalten beim Fischen, beim Sortieren, Umsetzen, Verarbeiten, beim Abtransportieren und Vermarkten ihrer Fänge bis zum 31. Dezember. Denn auch am letzten Tag des Jahres soll noch der letzte säumige Käufer in den Genuss (Genuss!) seines frischen Peitzer Karpfens kommen, Berliner Traditionsspeise namentlich zu Silvester.

Über familienspezifische Zubereitungsmethoden zu philosophieren, fehlt hier bei weitem der Raum; außerdem spielen ohnehin sakrosankte Glaubenssachen mit: Gehört zum Beispiel Bier in die Soße und wenn ja, welches? Deshalb nur die bündige Versicherung: Stets kann, soweit Peitz als Lieferquelle in Betracht gezogen wird, jedweder Karpfenesser der jeweils bevorstehenden Saison zuversichtlich ins etwas starr blickende Fischauge sehen.

Er hat sogar Gelegenheit, seine Vorfreude zum Vorgeschmack hoch zu treiben. Das Unternehmen Peitzer Edelfisch besann sich auf eine Mitte des 19. Jahrhunderts begründete Tradition: das Abfischen der Teiche als Volksfest, unter den damaligen Schaulustigen gar Besucher aus Cottbus, ein Pfund Karpfen direkt aus dem Kescher 70, höchstens 80 Pfennig. Goldene Vergangenheit, da die Portemonnaies für den Ausflug Richtung Peitz nicht stabiler bestückt werden mussten. Beim ersten »Großen Fischzug« der neueren Zeit 1997 wurde es teurer, aber nicht weniger lecker und laut und lustig. Mit Neugierigen nicht bloß aus der Nähe, sondern auch aus Berlin.

Feuchter Zirkus: Stämmige Männer, Fußgänger des Wassers und bis zur Brust darin verschwindend, bewegen ein mächtiges Zugnetz so listig-zielsicher durch die äußerste Ecke des sonst weithin trocken gefallenen, 122 Hektar Fläche umfassenden Hälterteichs, dass den Karpfen lediglich eine einzige Fluchtrichtung bleibt – in die Kescher weiterer Fischer. Von dort aus unter anderem gleich oder auf dem Umweg durch einen ambulanten Räucherofen zu den potenziellen Kunden am Ufer. Weil das Ganze schließlich nicht allein ein optischer Fischzug sein möchte.

Gleichwohl sind optische Hilfsmittel zu empfehlen. Der wahrlich seltene Anblick von mehreren Fischadlern auf einmal bleibt halbe Sache ohne Fernglas. Über 200-Kilometer-Distanzen, heißt es, vermitteln sich die mächtigen Vögel gegenseitig Kunde bezüglich leichter Peitzer Beute. Werden nämlich zum Herbst die Teiche abgelassen, was Wochen dauert, und drängen sich die Fische auf immer kleinerem Raum, braucht's keine sonderliche Jagdmühe. Natürlich klatscht kein Fischer Beifall, sobald die Adler mit Beute aus dem Wasser auffliegen. Doch sie, die nicht in Massen vorkommen, duldet man eher als einen vielköpfigen Kormoran-Schwarm.

Fürs Entleeren der Teiche werden »Mönche« gezogen. Diese Bezeichnung meint Ablassschleusen; sie verliert ihre Seltsamkeit, wenn man weiß: Die Niederlausitzer und andere Teichwirtschaften leiten sich von landbesitzenden Klöstern her – wo schmackhafte Verpflegung an fleischfreien Fasttagen stets gefragt war. Schon vor 700 Jahren kümmerten sich die Cottbuser Franziskaner um geregelte Belieferung ihrer Klostertafel mit Fisch und verfielen auf die geniale Idee, Wassergräben der Stadtbefestigung zur Aufzucht zu nutzen. Regionalhistoriker haben ermittelt, dass im Verlauf der heutigen Puschkinpromenade ehedem Karpfen schwammen.

Die Sache hatte ungeahnte Zukunft, sie zog sich als Niederlausitzer Wirtschaftskonstante durch die Jahrhunderte. Den Peitzer Festungskommandanten standen zeitweise zwei Schock Karpfen jährlich als Soldanteil zu, und die ernsthaften Offiziere fanden derlei pittoreske Natural-Abfindung völlig normal. Es ist überhaupt erstaunlich, ja wundersam, wie am Ort Fischzucht und

Karpfen im Kescher

Kriegskunst ineinander griffen: Das Anlegen immer neuer Teiche und die damit verbundenen Schachtarbeiten führten zur Entdeckung oberflächennaher Vorkommen an Raseneisenerz, Kanonen- und Geschützkugel-Rohstoff. Die ausgebeuteten Erzlagerstätten hinwiederum ergaben weitere Teiche. Besser hätte es nicht laufen können.

Die Festung Peitz wurde überdies zum Geburtsort des uniformierten brandenburgischen Soldaten. 1620 steckte Kommandant Konrad von Burgstorff seine 200 Mann starke Truppe als kurfürstliche Leibgarde in (preußisch) blaue Röcke mit je 72 weißen Schleifen, und Landesherr

Überm Wasser das Kraftwerk Jänschwalde

Georg Wilhelm, der Vater des Großen Kurfürsten Friedrich Wilhelm, kreuzte mit solcher Formation ein Jahr später beim polnischen Reichstag in Warschau auf. Die sprichwörtliche moralische Wirkung sei ungeheuer gewesen.

Im urigen Peitzer Hüttenmuseum und im stattlichen Festungsturm finden sich Kanonenkugeln etlicher Kaliber, pikanterweise auch solche aus Stein. Die wurden sogar dann noch emsig mit Hammer und Meißel zurechtgefummelt, als man metallene längst zu gießen verstand. Sicher war sicher ... Standen keine auswärtigen Reichstage oder wechselseitigen Beschießungen mit Stein respektive Eisen an, so drehte die Festungsgarnison nicht gelangweilt an ihren Uniformschleifchen. Vielmehr griff sie zu Hacke und Spaten, um die Fischteiche und deren Dämme instand zu halten.

Im übrigen kann der allzu ungenaue Sammelbegriff »Teiche« nur bei fischwirtschaftlichen Laien durchgehen; der Experte unterscheidet Laich-, Streck-, Abwachs- und allerlei sonstige Teiche, die ein rechter Karpfen sämtlich zu passieren hat, ehe er auf dem Teller endet. Und was heißt eigentlich »Karpfen«? Bei dem einzig echten, oft kopierten, anderswo nie erreichten hiesigen Edelfisch handelt es sich um den Peitzer Spiegelkarpfen, fast schuppenfrei, wenige Gräten, schnellwüchsig, widerstandsfähig gegen Krankheiten, nicht zuletzt wohl schmeckend – eben ein Prachtflosser, der es in drei Jahren auf eineinhalb Kilo bringen kann. Zu verdanken ist er dem renommierten Züchter und königlichen Amtsrat Karl Kuhnert, 1880 bis 1913 Pächter der Peitzer Teiche und wahrscheinlich einziger Fisch-Fachmann, der jemals den preußischen Adlerorden erhielt. Schließlich nahm die Berliner Schlossküche seine Karpfen regelmäßig zentnerweise ab.

In Peitz verspeist man sie heute vorteilhafterweise in der »Karpfenklause«, ein dem Hüttenmuseum benachbartes Restaurant mit vielfältigem Fischangebot. Vor der Tür beginnt, zum Verdauungsspaziergang einladend, einer der ungewöhnlichsten Wanderwege, die Brandenburg zu bieten hat: am Ufer des Hälterteichs entlang, vorbei an Schilfpartien und Inselchen, dauernd im Sichtkontakt mit einer Art Raumschiff-Kulisse, dem Kraftwerk Jänschwalde und dessen dampfenden Kühltürmen gegenüber. Wasser auch nach der anderen Seite hin – nirgends in und um Peitz entkommt man dem natürlichen Element der Karpfen. Bevor sie woanders zu schwimmen lernen, etwa in Bier oder zerlassener Butter.

Günther Bellmann

Tipps zur Tour

Nach Peitz per Bahn zunächst ab Berlin-Spandau, Zoologischer Garten oder Ostbahnhof im Stundentakt bis Cottbus (Linie RE 2), von dort ebenfalls stündlich ans Ziel mit RE 8. Motorisierten Tagestouristen bietet sich auf den Autobahnen A 13 und A 15 bis Ausfahrt Cottbus-Süd, dann auf der B 97 nordwärts nach Peitz eine landschaftlich unergiebige Route. Schöner: durch Alleen auf der B 179 über Königs Wusterhausen nach Lieberose, dann auf der B 168 nach Peitz. »Großer Fischzug« in der Regel an einem Oktober-Wochenende; Auskunft bei der Peitzer Edelfisch GmbH, Tel. (03 56 01) 34 40.

MORD AUS LUST AM LESEN

Auf den Spuren des Magister Tinius:
Eine Radtour am Rande des Spreewalds

Hat der Pfarrer gemordet? Bis an sein Lebensende wird er es leugnen. Aber vieles spricht dafür, dass er tatsächlich zwei Menschen erschlagen hat: Magister Tinius mit dem stechenden Blick, Doppelmörder aus Leselust, der Büchernarr mit dem Hackebeil im weiten Mantel. 1814 wird der Pfarrer in der Leipziger Nicolaikirche feierlich aus dem geistlichen Stand ausgestoßen. Im Indizienprozess kann er den Hals retten, aber erst als alter Mann kommt er aus dem Zuchthaus, verarmt, ruhelos, ein unheimlicher Gast. Die Bluttaten geschahen zwar in Sachsen, begonnen und geendet aber hat Tinius' Geschichte im nördlichen Spreewald, nicht weit von Berlin. Eine Radtour folgt den Spuren eines merkwürdigen Lebens.

Bahnhof Brand. Ein Wegweiser schickt uns ins nahe Staakow. Die Dahme – bei Köpenick so eindrucksvoll und breit – fließt hier als Bach neben der Straße hin. Der Ort ist winzig.

Einen Kilometer weiter liegt die Staakmühle: »Ich, Johann Georg Tinius, bin der zweite Sohn von 9 Kindern ... geboren am 22. October 1764 auf einem Landhause in der Mühle bei dem Niederlausitzischen Flecken Staako.« Preußisch-sächsisches Grenzland. Vater Tinius hütete als Amtsschäfer Preußens Schafe, wohnte aber in der Lausitz, damals also im Königreich Sachsen.

Die Mühle steht verfallen. »Bis '93, '94 haben sie noch Brot gebacken, war ja 'ne Bäckerei zum Schluss, seitdem verfällt das alles ...«, sagt ein Nachbar. Magister Tinius? Nie gehört. »Und ich bin jetzt seit 50 Jahren hier, bin aus Schlesien gebürtig.«

Das Land faltet sich hügelig auf. Briesen heißt der nächste Ort. Dann Oderin. Oderins Pfarrer war vielleicht Tinius' Verhängnis: »Wäre besser gewesen, man hätte

Feldweg bei Oderin

mich als Hütejungen bei meinen Schafen gelassen, dann wär ich wie mein Vater ein ehrlicher Schäfer geworden«, soll er gesagt haben. Als die Mutter ihn zur Konfirmation anmeldet, lernt der 13-Jährige zur Verblüffung des Pfarrers in einer Nachmittagsstunde, was Oderins Bauernkinder zuvor vier Wochen lang gepaukt hatten: »Euren Sohn hat Gott zu etwas anderem bestimmt, er soll Menschenherden weiden!« Fortan bringt er dem Schäfersohn Latein bei und schickt ihn dann nach Luckau auf die Schule. Auch dort finden sich Förderer, für jedes Mittagbrot andere, reihum geht er in die Häuser zum Essen.

In Oderin überqueren wir die Bahn. Nach 300 Metern führt ein Weg rechts auf den Wald zu Richtung Köthen. Es geht bergauf. Mit Tinius ging es weiland auch bergauf: Nach Wittenberg an die Universität: Stipendium, Einser-Examen. Es folgen ein paar Jahre als Lehrer, dann die ersehnte Pfarrstelle, damals der Gipfel für Aufsteiger aus armen Verhältnissen. Er kann es sich leisten zu heiraten, eine Bekanntschaft aus der Jugend in Luckau. Die Hochzeit findet in Oderin statt: Der Schäfersohn zeigt allen, dass er es geschafft hat.

Ein gutes Dutzend Jahre lebt Tinius nun als Landpfarrer in Sachsen. Der ersten Ehe folgt eine zweite, beide Frauen bringen Geld in die Ehe, Geld, über das er als Eheherr frei verfügt. Und er braucht viel Geld. Denn er hat einen Tick, eine Leidenschaft, bald eine Manie, schließlich eine Besessenheit: Bücher. Als Student hatte er außer der Bibel keines besessen. Jetzt holt er nach. Seine Bibliothek wächst. Das Pfarrhaus ist nicht geräumig. Die Familie – die Frau hat drei Söhne aus erster Ehe, er selbst eine Tochter – pfercht er ins Erdgeschoss. Oben wohnt er allein mit Tausenden von Bänden. Bald sind es Zehntausende. 819 Seiten wird der Aktionskatalog später umfassen, rund 60 000 Titel. Tinius mietet eine Scheune dazu. Ständig ist er unterwegs. Seine Pfarre Poserna liegt günstig, nicht weit von Leipzig an der Poststrecke. Er kauft und kauft. Dem König von Preußen schnappt er eine berühmte Gelehrtenbibliothek vor der Nase weg. Er bietet einfach 400 Taler mehr. Längst ist er pleite, längst hat er die Kirchenkasse geplündert, Schulden über Schulden angehäuft. Es kann nicht mehr lange gut gehen, das weiß er. Später wird man bei ihm Listen wohlhabender Leute finden, einen Hammer mit abgesägtem Stiel, der in die Tasche seines weiten Reisemantels passt, ein handliches Beil, ebenfalls im Taschenformat, dunkle Brillen und falsche Bärte, viele Briefe unter fingiertem Namen, in denen er versucht, Leuten Geld abzuringen.

An der Weggabel im Wald halten wir uns links, bitte nicht erschrecken: Tinius Opfer sind alte Leute in Leipzig. Unter einem Vorwand verschafft er sich Zutritt und erschlägt sie. Den Kaufmann Schmitt am 28. Januar 1812 und die Witwe des Briefträgers Kunhardt genau ein Jahr darauf am 8. Februar 1813.

Vor Köthen gelangen wir auf die Straße von Märkisch Buchholz her, halten uns rechts und kommen in den Flecken, der so herrlich am See liegt (Tipp: Links am Gasthof vorbei zum Wasser, Pause). Drei Kilometer sind es von Köthen nach Groß Wasserburg. Hier beginnt der Spreewald. An der Brücke über der Schleuse liegen die schmalen, langen Boote des örtlichen »Fährmanns«, und wer will, darf sich auf den dunkeln Nebenarmen der Spree staken lassen, unter Erlen und Buchen, die sich bei meinem Besuch erst zaghaft grün zu färben beginnen.

Groß Wasserburg war Tinius' eigentliche Kindheitswelt. Noch heute gibt es den Namen Tinius im Ort, wie das Telefonbuch zeigt. Hier wächst er auf, bis ihn der Oderiner Pfarrer zu sich nimmt. Es geht sehr einfach und fromm zu: »Nach dem Aufstehen war ordentliche Musterung: Waschen, Haarkämmen und eine halbe Betstunde vor dem Tische, nebst Morgengesang. Dann erst kam es zum Frühstücken. Dasselbe geschah auch abends vor dem Schlafengehen«. Essen mussten die neun Kinder mit den Knechten und Mägden: »Brod, Zugemüse und Wasser.«

Auf dem Weg nach Krausnick blicken wir links in den Unterspreewald mit Gräben und Baumgruppen. Diesen Blick hatten des Sonntags auch Vater und Mutter Tinius, wenn sie in die schöne Fachwerkkirche des Nachbarortes wanderten. Die Kinder mussten zu Haus bleiben.

Erst zehn Jahre nach der Tat wurde Tinius verurteilt. Die Befreiungskriege kamen ihm zu Hilfe; ständig wechselten Zuständigkeiten und Gerichte. Zeugen waren inzwischen gestorben. Hätte er nicht selbst jeden verfänglichen Wisch aufgehoben, und hätte er nicht aus dem Gefängnis heraus versucht, Zeugen zu beeinflussen – Tinius wäre als freier Mann aus dem Gerichtssaal gegangen. So aber kam er für zwölf weitere Jahre ins Zuchthaus. Die Bibliothek wurde versteigert. In der Haft schrieb er drei theologische Bücher, die notwendigen Zitate konnte er aus dem Gedächtnis anführen.

Bei der Entlassung war er 71 und wieder arm wie einst. Fünf Jahre lang zog er von Ort zu Ort. 1840 bot ihm ein entfernter Verwandter in Gräbendorf bei Königs Wusterhausen ein winziges Kämmerchen, dort ist er 1846 gestorben, mit 82 Jahren.

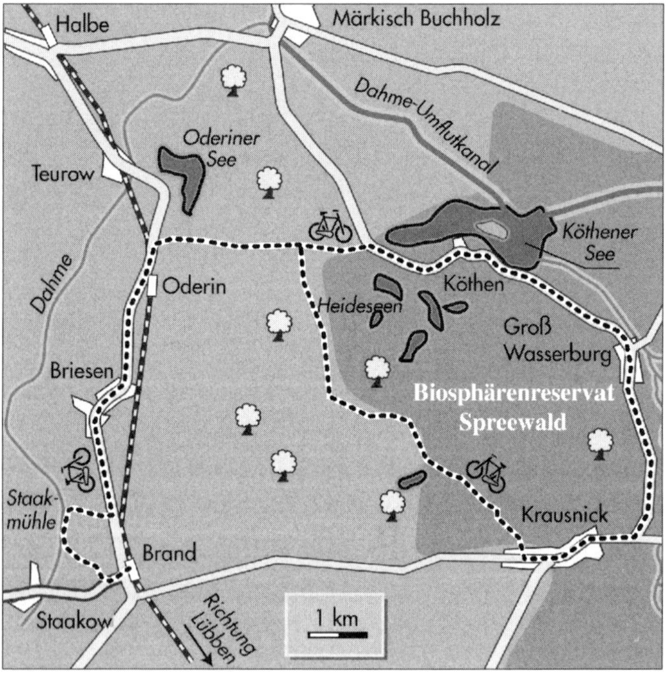

Das Krausnicker Kirchlein von 1728 sollte man nicht versäumen: Ein achteckiger Fachwerkbau seitlich auf einem Hügel am Dorfrand gelegen, innen mit einer geschlossenen Ausstattung aus der Barockzeit. Der Kanzelaltar trägt noch das Monogramm des Stifters »A. W.« = August Wilhelm von Preußen. Am einfachsten wäre es jetzt, der Dorfstraße zurück nach Brand zu folgen. Das geht aber nicht, denn als Sperrgebiet liegt der einstige »Russenflugplatz« im Weg, auf dem heute die Werfthalle für das Frachtluftschiff »Cargo-Lifter« weit über das flache Land ragt. Wir biegen beim »Russendenkmal« im Dorf nach rechts von der Dorfstraße zwischen die Häuser und folgen dem Hinweisschild »Rundritt Krausnick« über die Felder in den Wald.

Im tiefen Forst passieren wir einen Gedenkstein. Hier hielten einst die Postwagen Berlin–Lübben. »Hungriger Wolf« heißt der Ort. Reisen konnte unheimlich sein damals. Im Jahr vor Tinius' Verhaftung kam es um Leipzig zu einer Serie von Raubtaten auf der Fahrpost: Von einem Mitreisenden im weiten dunklen Mantel, berichteten die Opfer übereinstimmend, sei ihnen eine Prise Schnupftabak angeboten worden, waren es Damen, offerierte der Dunkle galant kleine Sträuße zum Riechen. Wenn sie wieder zu sich kamen, war der Herr verschwunden und mit ihm die Geldbörsen. Schäfer kannten viele Kräuter. Noch im Alter, so ein späterer Zeuge, pflegte sich Tinius manches zwischen den Tabak zu krümeln, das ihm die Laune hob (und vielleicht den Hunger vertrieb).

Bleiben seine letzten Worte zu einem jungen Mädchen: »Sehen Sie mich nicht an! An mir ist nichts Gutes, weder außen noch innen. Es ist alles schlecht, alles, alles!« Puh. Oderin. Bahnhof. Zurück in die Stadt.

Michael Winteroll

TIPPS ZUR TOUR

Der Rundkurs ist 28 Kilometer lang.
Anreise mit dem Auto über die A 13 bis Abfahrt Staakow, Anreise mit der Regionalbahn bis zum Bahnhof Brand und zurück von Oderin aus.

VON KALIFORNIEN BIS ZU DEN KURILEN

Ein Spaziergang durch den Forstbotanischen Garten in Eberswalde

Hier lässt der Frühling kein blaues Band durch die Lüfte flattern. Hier ist die Farbe Grün angesagt, Grün in hundert Schattierungen. Der Forstbotanische Garten Eberswalde: Wege winden sich sanft, das Gelände steigt und fällt, ein Wasserlauf begrenzt es nach Norden hin, Ruhebänke finden sich angenehm verteilt, und 41 Brutvogelarten konzertieren.

Der Naturgenuss wird nirgends dadurch getrübt, dass sich der botanisch weniger bewanderte Besucher den Kopf zerbrechen müsste: Wie heißt gleich dieser Baum, jener Strauch? Ein jegliches Gewächs ist mit Visitenkarte versehen. Das Namenstäfelchen findet sich meist diskret an kleinem Stiel kurz über dem Erdboden; man muss sich nur bücken. Oder, Gipfel des Entgegenkommens, ein Zweig präsentiert es dem Spaziergänger in Augenhöhe.

Die Großzügigkeit und durchdachte Gestaltung eines Parks mögen beeindrucken, mächtige Waldkulissen geradezu Ehrfurcht einflößen. Der Garten in Eberswalde, obwohl er von alldem etwas hat, weckt andere Empfindungen. Die Unaufdringlichkeit, mit der schmale Pfade zum Steingarten, zum Eichenquartier, zu den Buschwindröschen am Fuß einer Birke führen, lässt die Besucher gemächlich schlendern. Niemand stürzt von Pflanze zu Pflanze auf der Jagd nach neuer Erkenntnis. Doch das allgegenwärtige Angebot oft unbekannter Blätter und Blüten, Stängel und Stämme erregt Interesse.

Das wird mit mancher Überraschung belohnt. Wohlgerüche blühender Sträucher sind nichts Besonderes, aber die kräftige Toilettenseifennote, welche der »Duftende Schneeball« aussendet, glaubt man erst beim zweiten, dritten Hinriechen. Vom Riesenmammutblatt, einer rhabarberartigen, auf der Höhe ihrer Entwicklung mannshohen Staude, zeigen sich unter sorgsam wärmender Abdeckung aus vorjährigem welkem Laub einstweilen nur missfarbene gezackte Triebspitzen. Im Juli wird sich ein Kind bei Regen unterstellen können. Die Zaubernuss wiederum trifft ihre Vorkehrungen gegen Winterkälte selbst: Schon im Januar (!) hat der noch kahle Baum geblüht und die gelben Blütenblätter bei Frost ein-, bei Erwärmung ausgerollt. Höchst sinnvoll können sie sein, die Hervorbringungen der Natur.

Das mögen die Väter des Gartens, renommierte preußische Forstwissenschaftler, auch so gesehen haben. Gleichwohl schwebte ihnen und ihren Nachfolgern niemals eine Art Raritätenkabinett unter freiem Himmel vor. Als die Brüder Humboldt den 1821 an die Berliner Universität berufenen Extraordinarius Friedrich Wilhelm Pfeil bei dessen Bemühen unterstützten, die forstliche akademische Ausbildung nach Eberswalde zu verlegen, war über notwendige Folgen solchen Ortswechsels allerdings noch nicht hinreichend nachgedacht worden. Pfeil, Direktor der 1830 eröffneten Forstakademie, fand zwar jede Menge Wald vor, nicht jedoch ein dringend erwünschtes Lehrrevier für Übung und Unterricht in der Praxis.

Gerade die praxisnahe Ausbildung von exakt 1273 Pfeil-Schülern sollte während der 29 Jahre seines Wirkens den internationalen Ruf der Akademie begründen. Der Professor legte sofort im Gründungsjahr etwas an, was bald »Pfeils Garten« heißen und sinnvollste Ergänzung zu Lehrbuch und Vorlesung bieten sollte. Der Name hat sich erhalten, freilich liegt das Areal jetzt ein paar Gehminuten südlich des eigentlichen Forstbotanischen Gartens, der nämlich seit Pfeil fleißig erweitert und dessen wichtige Teile umgesiedelt wurden. Es spricht für den praktischen Sinn des Gelehrten, dass er sein Arboretum (Baumgarten) nicht bloß zur Demonstration heimischer und fremdländischer Gehölze bestimmte. Pfeils Garten vermittelte kräftige Impulse für den Übergang von einer nicht mehr vertretbaren ungeregelten Waldnutzung zu geordneter forstlicher Wirtschaftsführung. Dabei war, ist und bleibt – keiner weiß es besser als der Berliner – die Gemeine Kiefer Hauptverbündete. Friedrich Wilhelm Pfeil hat alles über optimale Anzuchtbedingungen ihrer Sämlinge herausgefunden und so für das allmähliche Verschwinden schlimmer Kahlschläge gesorgt, wie sie das fortschreitende 19. Jahrhundert immer häufiger hinterließ. Kiefer gegen Kahlschlag.

Es verwundert folglich nicht, dass die Kieferngewächse mit sieben Gattungen in Eberswalde stark vertreten sind. Da existieren etliche ansehnliche Konkurrenten unseres märkischen Einheitsbaums, von ihm unterschieden durch Grünton und Länge der Nadeln, durch Rinden-beschaffenheit und Wuchs. Außerdem klingt etwa Mädchen-Kiefer sehr viel vorteilhafter als Gemeine Kiefer, während Korea-Kiefer auf eine weltläufige Erweiterung des Gartens hindeutet.

Nachdem charakteristische Gehölze Europas und Nordamerikas bereits in beträchtlicher Zahl vorhanden waren, initiierte man eine Ostasien-Anlage. Dort gedeihen nun seltene Gäste wie die Mandschurische Aralie, der Dahurische Weißdorn, die Japanische Eibe, der Amur-Korkbaum oder die Kurilen-Kirsche, im Frühjahr übersät mit dicht stehenden, hauchzarten, rosa getönten Blüten. Der junge, noch relativ niedrige Baum erweist Besuchern die Freundlichkeit, seinen Schmuck an den betont aufrecht stehenden Zweigen ganz nah darzubieten.

Und sie alle, nach Eberswalde hergeschafft vom Amur und von den Kurilen, aus Finnland (wie im Fall der Nördlichen Zweifarbigen Weide) und aus den USA (Kalifornische Flusszeder, Hemlocktanne, Zuckerahorn), fassen Fuß, kommen fort, zeigen sich nach Jahrzehnten bedächtigen Wachstums in voller Pracht? Vermissen nicht die angestammte Erde, eine größere Gesellschaft von Artgenossen, anderen Regen, anderes Licht, anderen Wind?

Zu den rühmlichsten Qualifikationen der Forstexperten gehört intimes Wissen über Standorte. Detektivisch werden im Forstbotanischen Garten beinahe quadratmeterweise und über lange Zeiträume hinweg die Strahlungs-, Temperatur- und Niederschlagsverhältnisse erfasst. »Ökologische Feincharakteristik des Geländes«

Trocken-Wasserfall in der Ostasien-Anlage

heißt das. Man schließt kälteexponiertes Terrain für die Bepflanzung mit frostempfindlichen Arten aus und zieht Humusdecke, Mineralgehalt, Grundwasserhöhe, Staunässe, Bodenrelief ins subtile Kalkül.

Bestenfalls den Teilerfolg vor Augen, denn Baumpflege ist bekanntlich Generationensache, investieren die Botaniker ihr unscheinbares Kapital: das ertauschte Saatgut. Regelmäßig wird in Eberswalde ein Samenkatalog erarbeitet, der – Bestellkarte beigelegt – 350 Botanischen Gärten in der ganzen Welt zugeht. Umgekehrt erhalten die Eberswalder Kataloge aus aller Herren Länder. Dann wechseln nicht einfach auswattierte Pappschachteln hin und her: Eicheln brauchen feuchten Sand oder Moos für unterwegs; Weidensamen geht, da lediglich eine Woche lagerfähig, ausschließlich als Express- oder Luftsendung auf die Reise.

Vom Standort der schmucken Kurilen-Kirsche bietet sich ein Blick auf entstellte Landschaft. Auch wenn längst Gras darüber wuchs und kein Gartengast die Geländesenke zu deuten weiß: Hier hatte sich im April 1945 eine Flakstellung samt Munitionslager und Unterstand in die Erde gewühlt. Die Bäume ringsum waren für freies Schussfeld gefällt worden. Ein Übriges tat bald darauf, wie beim Berliner Tiergarten, der Brennholzbedarf frierender Menschen. Was an alten Stämmen stehen blieb, ist teilweise bis heute splitterzernarbt. Um so höher muss man die seither geduldig geleistete Gartenarbeit schätzen, auch in ästhetischer Hinsicht; beispielsweise in Form eines steinigen Trocken-Wasserfalls, der nach chinesischem Vorbild die Ostasien-Anlage bereichert. Brückchen drüber – fertig ist die anmutige Illusion.

Was für eine Anziehungskraft derlei Bemühungen dem Forstbotanischen Garten Eberswalde einbringen, verdeutlicht die unablässige Erweiterung der Öffnungszeiten. Als Lehreinrichtung war das Gelände ursprünglich nur an Wochenenden für die Allgemeinheit zugänglich. Neuerdings steht es Besuchern nicht bloß täglich, sondern sogar ganzjährig offen. Auch bewährt sich das Angebot sonnabendlicher thematischer Abendführungen, wenn die tief stehende Sonne den Pflanzen Plastizität und milde Tönung gibt.

Fünfundzwanzig, dreißig Personen sind optimal; dann bekommt jeder alles mit. Der Gartenkünstler Peter Josef Lenné war großzügiger. Seine Schöpfungen erklärte er bei Führungen für 150 Teilnehmer, wobei er mit der Trompete vorangegangen sein und an jedem Halt zum Sammeln geblasen haben soll.

Günther Bellmann

TIPPS ZUR TOUR

Die RB 60 verbindet Berlin-Lichtenberg mit Eberswalde im Stundentakt binnen 40 Minuten. Ebenso häufig verkehrt RE 63 ab Zoologischer Garten dorthin; man ist eine knappe Stunde unterwegs.
Wer mit dem Auto anreisen will, benutzt die B 2 (ab Berliner Autobahnring, Ausfahrt Weißensee) und biegt gleich am Ortseingang Eberswalde-Finow links zum Forstbotanischen Garten ab; Hinweisschilder beachten!
Die Strecke beträgt 34 Kilometer.

DER ADMIRAL AUF DEM ELBDEICH

Lenzen an der Elbe bietet Blicke ins Gestern

Sie werden selten, diese Stadtbilder, in denen man herumgehen kann wie auf Zeitreise. Über ein Jahrzehnt nach der Wende gibt es davon immer noch einige. Lenzen, in der Prignitz an der Elbe gelegen, gehört dazu. Die Grenze machte das Städtchen vor 1990 zur verbotenen Stadt für alle, die nicht dort wohnten. Der Effekt: Kopfsteinpflaster, krumme Gassen und alte Häuser blieben bewahrt wie unter einer Glasglocke. Wenn der Küster einmal die Woche auf den Turm stieg, um die Uhr aufzuziehen, war er von einer strengen Obrigkeit angewiesen, nicht ins Grenzgebiet zu gucken.

Grenzen verdankt das Städtchen auch die Entstehung. Ursprünglich schützte wohl an dieser Stelle eine Grenzburg slawisches Gebiet. Gegen Ende des 15. Jahrhunderts wurde Lenzen Sitz eines brandenburgischen Amtmannes, der bis zum Jahr 1819 mit sehr hohen Zöllen den Handel auf der Elbe beeinträchtigte. Die Grenze aller Grenzen schließlich, die Abriegelung der DDR, hat dann unfreiwillig dafür gesorgt, dass hier alles blieb, wie es vor dem Krieg war.

Wer aus Berlin von Wittenberge her anreist, fährt durch die Berliner Vorstadt nach Lenzen ein, bei manchen Häuserchen können groß gewachsene Menschen, ohne die Treppe zu benutzen aus dem Bodenfenster winken. Am Stumpfen Turm vorbei gelangt man auf den Markt. Berliner und Hamburger Straße treffen hier in spitzem Winkel aufeinander; einst führte der Reiseweg Hamburg–Berlin über Lenzen, nicht wie heute auf der B 5 über Ludwigslust.

Linker Hand die dreischiffige gotische Hallenkirche mit barockem Turm, dahinter die restaurierte Stadtschule, geradezu das Rathaus mit einem schiefen Uhrturm. Vor

200 Jahren dürfte das alles nicht anders ausgesehen haben. Lenzen hatte damals 2095 Einwohner in 296 Häusern: acht bis neun Menschen lebten aufeinander. Eng war's. Und auf jeden Menschen kamen noch einmal anderthalb Stück Vieh. Beamte wiederum gab es ganz wenige, gerade ein halbes Dutzend, Bürgermeister inklusive. Billig war das, 1800 Taler nahm man ein, die Ausgaben dagegen betrugen nur 1700 Taler. Selige Zeiten. Berufe wiederum gab es viele, denn aller Bedarf von Stadt und Umland musste am Ort gedeckt werden, alles von weiter her blieb Luxus, und so oblagen die Lenzener 73 verschiedenen Hantierungen und Professionen.

Dass im Städtchen sämtliche Bauernstiefel der Umgebung geschustert worden sein müssen, zeigt die Zahl von sage und schreibe 45 Schuhmachern. Wie alle anderen Gewerke hämmerten sie inmitten eines Gewusels aus Kindern, Hühnern, Gesellen, Meistern, Mägden, Knechten, von Pferd und Hund, Wittfrauen und Bürgerinnen, Katz und Ferkel. Alle Lenzener zusammen hatten die Erzeugnisse von 46 Braustellen und 16 Branntweinblasen auszutrinken. Zwar werden nicht alle Kessel ständig gebrodelt haben, trotzdem: Wenn wir ein Auge zukneifen, um entlang der unzerstörten Zopfstilfassaden einen Phantasieblick in die Vergangenheit zu tun, liegt neben dem Odeur sich in den Pfützen wälzender Schweine über dem Ganzen auch deutlich wahrnehmbar der Fuselodem Lenzener Altvorderer, die leicht beschickert ihrem Tagwerk nachgehen; so manchem musste der Alkohol sicher über den Hunger hinweghelfen.

Man lasse sich Zeit beim Gang durch die kleine Stadt, weit sind die Wege ohnehin nicht. Schnell stellt sich der Blick auf Details ein, und man glaubt, in Vorbauten, Fensterformen, berankten Balkonen und ähnlichen Dingen Spuren örtlicher Baugepflogenheiten zu erkennen. Inzwischen sind viele Fassaden wieder hergestellt, Verfallenes ist in der Minderheit, die Straßen haben endlich zu Beginn des 21. Jahrhunderts Kanalisation erhalten. Trotzdem ist die Stadt heute weniger lebendig als zu Grenzzeiten: Damals durfte zwar von außen so schnell niemand hinein, aber es waren ja genug drinnen. Ein hal-

Die Kirche in Mödlich

bes Dutzend Industriebetriebe bot Arbeit, Kinder wurden geboren, Straßen und Häuser mochten zerschlissen sein, waren aber voller Leben. Heute stehen viele Wohnungen hinter Fassaden leer, Läden haben geschlossen, kaum jemand ist auf der Straße. »Eine einzige Hochzeit im ganzen Jahr«, klagt die Küstersfrau. Die nächste wird die des eigenen Sohnes sein in ein paar Wochen. Auch er lebt längst im Westen. Die Menschen ziehen der Arbeit hinterher, kommen nur zu Familienfesten und irgendwann dann gar nicht mehr nach Hause. Lenzen stirbt, es lässt sich nicht verheimlichen. Bauernhäuser an der Elbe, ja, die finden Käufer aus der Stadt, Hamburg ist nicht weit. Aber wer kauft sich ein Kleinstadthäuschen als Sommersitz? Da hilft auch das schönste Fachwerk wenig.

Ein paar Schritte sind es nur zur Burg. Im Moment (Sommer 2001) wird umfassend gebaut. Vor dem Krieg hatte die Anlage einem Berliner gehört, dessen Gattin hier ein Mädchenpensionat eröffnen wollte. Nach Rückübertragung 1993 schenkte die Tochter das Gemäuer dem Bund Umwelt und Naturschutz Deutschland (BUND). Der kümmert sich seither nicht nur um den

Denkmalschutz – äußerst aufwendig: der ganze mittelalterliche Bau musste um einen halben Meter angehoben werden! – sondern betreibt die »Ökoburg Lenzen«, eine Bildungseinrichtung, in der man auch einfach Urlaub machen kann. Die Pläne reichen weit, aber im Moment beschränkt sich das Angebot noch auf weitgehend komfortfreie dafür preiswerte Übernachtungen und einfache Küche in der sehr gemütlichen »Burgklause«.

Der Turm der Burg, auf den man im Moment, Baugeschehens halber, nicht rauf kann, besitzt literarische Weihen. Er spielt in einem viel gelesenen Kinderbuch eine Rolle: Von hier oben bricht die Heldin von Tamara Ramsays »Wunderbare Fahrten und Abenteuer der kleinen Dott« zu ihrem Traumflug durch 1 000 Jahre brandenburgische Geschichte auf. Über 150 000 Mal ist der Klassiker bis heute verkauft worden.

Hier auf der Burg hatte einst ein leibhaftiger Admiral seinen Amts- und Wohnsitz: »Arnoult Gysell van Lyr, ordinairer Raht der Niederlanden in Ostindien, Gouverneur über die Eylande und Fortressen Amboina, Admiral der Niederlande zum Dienst des Königs von Portugal, Churfl. Brandenb. Geheimer Raht und Erbpossessor des Amts und Hauses Lenzen.« Als wir vor ein paar Jahren hier waren, konnten wir diese umständliche Amts- und Ehrenaufzählung auf dem barocken Prunksarg entziffern, der damals noch im Keller des Turms aufbewahrt wurde. Ein leibhaftiger Admiral in brandenburgischen Diensten? Was treibt jemanden aus den warmen Gewässern Ostindiens an überschwemmungsträchtige Elbufer?

Gekränktheit möglicherweise und eine Fehlspekulation. Karriere hatte der junge Mann gemacht in den Kolonien seines Heimatlandes – Seemann, Beamter und Kaufmann zugleich, damals keine seltene Laufbahn. Als die Niederlande 1641 eine Flotte ausrüsten, um Portugal gegen Spanien zu unterstützen, erhält er das Oberkommando (Michel de Ruyter, der spätere Seeheld war sein Konteradmiral) und siegt gegen spanische Übermacht. Trotzdem findet er sich bald darauf kalt gestellt. Auf die Enttäuschung folgt die Fehlspekulation, als er sich 1647 dem Kurfürsten des kleinen fernen Brandenburg empfehlen lässt als Fachmann für dessen künftige Flotte. Aber mit den Kolonialplänen Brandenburgs sollte es noch Jahrzehnte dauern. Einstweilen war die Mark bloß arm, wüst und ausgeblutet nach den Verheerungen des 30-jährigen Krieges. Der Kurfürst ist umso froher, einen erfahrenen Verwaltungsfachmann gewonnen zu haben, und schenkt Gysell van Lyr Amt und Burg Lenzen. Mit 55 beginnt der Niederländer also von vorn, als eine Art Landrat in der Prignitz. Er tut viel für die Gegend, legt Wiesen trocken, sorgt für Schul-, Gerichts- und Polizeiwesen, vor allem aber lässt er Deiche bauen gegen die Hochwasser der Elbe.

In einer Stunde läuft man ohne zu hetzen in das nahe Mödlich, wo der See- und Deichheld begraben liegt. Unterhalb Burg Lenzen führt ein Weg durch die wasserdurchzogene Elbaue Richtung Fluss, am kleinen Lenzener Yachthafen vorbei geht es drei Kilometer stromabwärts auf der Deichkrone. Panoramablick auf eine der letzten unregulierten Stromlandschaften Europas. Der allein lohnt schon die Fahrt.

Das Kirchlein von Mödlich steht direkt am Elbdeich. An der Ostwand liegt der Admiral heute an jener Stelle begraben, wo bis 1912 in einem Fachwerkanbau sein und seiner Tochter Särge gestanden haben. Beider Leiber waren bis zum Hochwasser der Jahres 1888 unverwest geblieben, noch der berühmte Berliner Arzt Virchow hatte sich davon überzeugen können. In Sturmnächten, wenn dem Land Gefahr drohe, erzählt man, lässt sich »der Kapitän« noch sehen. Vierzig Jahre lang können ihn dabei aber höchstens die DDR-Grenzer beobachtet haben, die die rauschende Elbe sogar des Nachts zu bewachen hatten.

Michael Winteroll

TIPPS ZUR TOUR

Auto: B 5 bis Perleberg, ab dort ist Lenzen ausgeschildert, Entfernung von Berlin ca. 150 Kilometer.
Bahn: Lenzen ist nicht mit der Bahn erreichbar, nur von Wittenberge aus mit dem Bus.

KÖNIGLICH EINFACH

Paretz – Ein preußischer Wallfahrtsort

Seit Anfang Oktober 2001 ist Schloss Paretz nach mehr als einem halben Jahrhundert wieder zu besichtigen. 20 Kilometer westlich von Potsdam gelegen, ist es mit Auto oder Rad gut zu erreichen. Einst war der Sommersitz der Königin Luise ein preußischer Wallfahrtsort. Nur: Bis vor kurzem lohnte es sich kaum hinzufahren. Ein Kirchlein, ein leicht groteskes neugotisches Haus wie auf der Pfaueninsel, ein paar alte Gehöfte mit Krüppelwalmdächern und Putzquaderungen, am Dorfeingang zwei Torhäuschen, das war alles. Schlossartiges gab es weit und breit nicht zu sehen. Dabei stand der Bau nach wie vor mitten im Dorf, nur halt sozialistisch verändert. »Denken Sie immer, dass Sie für einen armen Gutsherren bauen«, hatte Friedrich Wilhelm III. seinen Baumeister David Gilly angewiesen. Der hielt sich daran: ein lang gestrecktes Gebäude von gerade anderthalb Geschossen wurde 1797 in kürzester Zeit aufgeführt.

Die Einfachheit mag das Haus nach 1945 gerettet haben, es ließ sich so leicht neuen Zwecken anpassen. Man entfernte den kargen Stuck, aus einem rundbogigen Fenster über dem Eingang wurde ein eckiges, »und aus dem einstigen Landschloss der Königin Luise«, hieß es triumphierend, »wurde eine moderne Schule«. Das Schloss war zwar noch da, aber nicht mehr zu sehen. Meister Gilly hatte ganze Arbeit geleistet und für den ärmsten ostelbischen Gutsherren aller Zeiten gebaut, für die Deutsche Demokratische Republik.

An dieser Stelle hätte die Geschichte leicht zu Ende sein können. Es ereigneten sich jedoch eine Hand voll ausgesprochener Glücksfälle. So hatte eine weise Schlösserverwaltung 1948 die Tapeten abnehmen und in Sicherheit bringen lassen; die Möbel waren damals bereits zum größten Teil verschwunden. Vierzig Jahre später erklärte sich eine kluge Stifterin bereit, die Restaurierung der handbemalten Papierbahnen zu bezahlen, wenn das Land die Mittel für die Wiederherstellung des Schlosses bereitstellen würde. Eigentlich hatte man dort kein Geld und auch andere Pläne, zeigte aber schließlich – Glücksfall – Einsehen. Und obendrein – noch ein Glücksfall – lag in den Archiven eine Mappe mit 50 Ansichten von Schloss Paretz; der Oberhofmarschall Valentin von Massow hatte sie dem König nach dem Tod Luises geschenkt.

Neun Räume sind nun wieder gewonnen, die fast das Bild von einst bieten. Zwar gibt es wenig Möbel und noch weniger davon standen ursprünglich hier. Aber an den Wänden winden sich wieder die Blumenranken, so wie die Königin Luise sie gesehen hat: Grün, Rot, alle Arten von Blau, Braun. Vögel sind dort gemalt und Landschaften: Zum Beispiel erblickt man die Havel um die Pfaueninsel, das jedem Berliner vertraute, hölzerne, weiße Lustschloss ist deutlich zu erkennen. Auch dort, auf der Pfaueninsel, verbrachte das Königspaar viele Sommertage, naturnah, aber unbequem. Hier jedoch werden demnächst wieder Kamine in den Wandnischen stehen; das Holzschlösschen auf der Pfaueninsel dagegen war bei den Aufenthalten nicht recht zu heizen, in Paretz wollte man es auch an kühlen Sommertagen warm haben.

Und worin bestand nun der Mythos von Paretz? Die Legende malt es so: Nach dem Soldatenkönig, der ein Familiendespot war, Friedrich dem Großen, der den Frauen aus dem Weg ging, und Friedrich Wilhelm II., der zu viele von ihnen gleichzeitig liebte, gelangte mit Friedrich Wilhelm III. 1797 ein König auf den Thron, der ein Familienleben führte, ein bürgerliches, harmonisches, wie es den Menschen im Land als Ideal vorschwebte. Und Luise Auguste Wilhelmine Amalie aus dem Hause Mecklenburg-Strehlitz (*1776) war eine sehr junge Königin, hübsch, unprätentiös und freundlich zu den Menschen. Der in der Öffentlichkeit gehemmte König und seine unkonventionelle Gemahlin machten bereits durch ihre Gegensätzlichkeit Sensation. Dazu waren die beiden unübersehbar einander zugetan: so etwas war man von Königen nicht gewohnt.

Zur Legendenbildung freilich gehört mehr. Die Niederlage Preußens gegen Napoleon 1806 und die Flucht des Königspaares nach Ostpreußen sorgten für den nötigen tragischen Akzent. Er wurde noch gesteigert durch den frühen Tod Luises mit 34 Jahren. Zwischen Regierungsantritt und Flucht aber lagen jene Paretzer Sommer, in denen König und Königin mit den Kindern im einfachen Gartenschloss als Nachbarfamilie ihrer Untertanen lebten. Ort und Herrscherpaar verschmolzen danach im kollektiven Gedächtnis zur Einheit. Ein preußischer Mythos war geboren.

Natürlich war das Sommerleben in Paretz eine Inszenierung: Als ob Friedrich Wilhelm nicht König, sondern Krautjunker wäre, nahm der Herrscher den Erntedank der Bevölkerung entgegen. Als ob man nicht haushoch über allen schwebte, tanzte die königliche Begleitung hinterher mit der Dorfjugend.

»Die Flucht des Königs in die Idylle«, wie der konservative Schriftsteller Reinhold Schneider später schrieb, war nicht ohne Anstrengung möglich gewesen. Zunächst einmal ließ man, Sparsamkeit hin, Sparsamkeit her, das gesamte Dorf niederlegen. Weder das alte Gutshaus noch die spätmittelalterliche Kirche konnten bleiben, wie sie waren, von den strohgedeckten Katen der Dörfler ganz zu schweigen. Einfachheit war eine schwierige Sache. Den nüchtern denkenden märkischen Bauern war es sicher nicht unangenehm, neue, massive Häuser zu bekommen. Aber gefragt hatte sie keiner. Sie mussten einfach mitspielen in der alljährlichen Freilichtaufführung des sentimentalen Stückes: »Die königliche Familie auf dem Lande«. Auch für Paretz stellt sich die Frage, die Reinhold Schneider für Potsdam und seine Schlösser formuliert hat: »War es nicht ruheloses Suchen nach Gehalt, Erproben immer anderer, untauglicher Werte, innere Unsicherheit einer Macht?«

Hier in Paretz, das ließ er immerhin gelten, war noch etwas anderes zu spüren: »Zwischen matten Tapeten im Schloss, wo Bänder, Kleider, Hüte knisternd verblichen,

Restaurierte Tapeten im Schloss Paretz

lebten Schatten. Ein Glück, ein fast unerlaubtes, hatte brennenden Schmerz hinterlassen.«

Ob man heute noch so etwas fühlen kann? »Bänder, Kleider und Hüte« immerhin sind längst verschwunden, und die einst matten Tapeten leuchten jetzt geradezu nach der Restaurierung in ihren satten Naturfarben.

Was hielt eigentlich die Paretzer Bevölkerung vom königlich einfachen Leben? Schwer zu sagen. Eine Anekdote bietet immerhin einen Anhaltspunkt: Der König reicht einem Dorfjungen ein Stück Ananas. Was er wohl schmecke? »Wurst«, lautet die Antwort. Ende der Anekdote. Geht man zu weit, wenn man da ein Stück märkischen Trotz heraushört, der durch die Blume (in diesem Fall eine Ananas) zu sagen wagt, was den Leuten die ganze Spielerei und Volksnähe letztendlich war, nämlich herzlich wurscht? Viel Vergnügen auf Schloss Paretz.

Michael Winteroll

Tipps zur Tour

Schloss Paretz ist täglich (außer Montag) von 10 bis 17 Uhr geöffnet. Der Eintritt beträgt ca. 4, ermäßigt ca. 3 Euro.
Zu erreichen ist Paretz über die A 10 bis zur Abfahrt Potsdam Nord über Ütz nach Paretz oder auf der B1 von Zehlendorf durch Potsdam ebenfalls über Ütz.
Vom Potsdamer Hauptbahnhof verkehrt der Bus 614 auch an Wochenenden nach Paretz.

EINE VERWUNSCHENE PRINZESSIN

Dampferfahrten auf der Löcknitz von Erkner aus

Berlin reicht weit über seine Stadtgrenzen hinaus. Eigentlich hört es erst an den Endpunkten der S-Bahn auf. Wer sich noch an die Zeit vor dem Mauerbau erinnert, dem sind diese geläufig. Von Zoo nach Olympiastadion stieg man in einen Zug nach Staaken oder Falkensee, auf der Rückfahrt stand Strausberg oder Königs Wusterhausen am Triebwagenkopf. In manchen dieser Zielorte ist man nie gewesen, aber ihre Namen klingen vertraut seit Kindertagen. Erkner zum Beispiel. Altes Berliner Ausflugsziel und seit jeher Ausgangspunkt für Rudertouren und Dampferfahrten.

Fahrwasser in alle vier Himmelsrichtungen bilden hier ein Kreuz: nach Norden Richtung Rüdersdorf, nach Westen zur Müggel, nach Süden zum Seddinsee. Die für mich schönste und sonderbarste Strecke aber ist die nach Osten zu auf der Löcknitz, einem schiffbaren Fließ. In der Mark Brandenburg mit Havel, Spree und den großen Seen ist ein kleiner gewundener Fluss, auf dem man Dampfer fahren kann, die Ausnahme – etwas ganz Besonderes.

Man kommt leicht hin. Von Zoo in einer knappen Stunde. Autofahrer seien dringend auf die S-Bahn verwiesen. Es gibt in Erkner so gut wie keine Parkmöglichkeiten, und die Dampfer machen nahe der Bahn fest.

In Erkner hat sich viel getan. Es stinkt nur noch schwach. Wer die Zusammenhänge nicht kennt, riecht vielleicht gar nichts mehr. Die rostigen Rohrleitungen und verfallenen Industriegebäude neben dem Bahnhof sind fast verschwunden. Erkners Teerfabrik bloß noch Erinnerung. Dieser Mief besaß einst höhere Weihen. Mehr als 100 Jahre lang wurde hier Teer gekocht. Heute weiß jeder Zeitungsleser: Die Dünste sind alles andere als gesund, sie machen eher krank. Einst aber hielten die Ärzte große Stücke auf das Naturprodukt aus bestem Buchenholz und rieten daher 1885 einem begabten jungen Dichter, in die Nähe dieser Industrieabgase zu ziehen: zur Festigung seiner angegriffenen Gesundheit.

Vier Jahre, bis 1889, hat Gerhart Hauptmann in Erkner gewohnt. Er war damals jung verheiratet und begann gerade literarisch Erfolg zu haben, »nicht nur meine ersten Geisteskinder, sondern auch drei meiner vier Söhne sind in Erkner geboren«. In einem großen Landhaus, mitten im Ort gelegen und heute Gedenkstätte, entstanden das Drama »Vor Sonnenaufgang« und die Novelle »Bahnwärter Thiel«. Was den Teergeruch angeht, so schwor der Dichter noch im hohen Alter, Erkner habe ihn gerettet.

Wir halten uns rechts, unterqueren die Bahn und folgen der Straße bis zur Kreuzung. Auf der gegenüberliegenden Seite steht ein Ehrenmal für die Opfer des Faschismus, links neben diesem Block mit rotem KZ-Dreieck geht man ein paar Schritte hinunter zur Anlegestelle. Im Sommer fahren die Schiffe von hier jeden Tag die schiffbare Löcknitz aufwärts nach Alt-Buchhorst.

Als das Schiff kommt, bin ich froh, dass es kein modernes Boot ist, sondern ein Methusalem mit genietetem Rumpf, lange vor dem Krieg gebaut und früher vermutlich mit einer Dampfmaschine im Bauch.

Auf dem Vordeck ist noch Platz, los geht's unter der Brücke durch. Die grienenden Lausebengel oben werden nachdrücklich vom Schiffsführer ermahnt. Alles schmunzelt: Wer hätte nie von einer Brücke gespuckt?

An der rückwärtigen Seite der ehemaligen Teerkocherei vorbei gleiten wir in den Flakensee. Hier könnte das Dampferchen gleich in die Löcknitz abbiegen, aber zunächst führt die Route nach Woltersdorf am anderen Ende, hübsch am Steilufer gelegen. Halbe Stunde Pause.

In der Hauptmann-Villa in Erkner hängt ein Foto, das den Dichter in Woltersdorf zeigt, an einen Kahn gelehnt. Damals wohnte er schon nicht mehr in der Gegend, aber Atmosphäre und Menschen seiner frühen Jahre beeinflussten auch spätere Werke noch: »Die Komödie ›Der

Biberpelz‹ ist ganz ein Kind der märkischen Erde. Ohne die weiten Seen und die Kiefernforsten des märkischen Sandes ist es nicht zu denken. Alle Gestalten des ›Biberpelz‹ habe ich in Erkner kennengelernt.«

Zurück über den Flakensee. Vorne taucht die Einfahrt zur Löcknitz auf. In einer Februarnacht 1887 ertrank an dieser Stelle eine junge Familie, als sie auf nächtlicher Schlittenfahrt über die Eisfläche des Sees der Mündung zu nahe kam, das fließende Wasser der Löcknitz war nicht zugefroren. Dieses Unglück hat Hauptmann in der Novelle »Fasching« verarbeitet.

Zwanzig, dreißig Meter ist das Fließ breit, »der Spreewald im kleinen«, sagt mein alter »Wanderruder-Führer«

Auf der Löcknitz unterwegs

von 1909, und Richard Nordhausen, auch ein Ruderer, greift ein paar Jahre später noch höher: »Von den märkischen Gewässern spricht keines eindringlicher zu uns als die kleine Löcknitz ... die Löcknitz ist eine echte verwunschene Prinzessin.« Das mag sein, links und rechts jedenfalls breiten sich jetzt die kleinen Königreiche im Dutzend aus. Manches davon ließe ich mir gefallen: Ein solides Wochenendhaus im Hintergrund, vorn ein zierlicher Pavillon als Wassersitz und »Kleine Neugierde«, das Boot daneben, falls einem der Garten zu eng wird. Nicht schlecht. Allerdings geht einem zu viel Idylle auch wieder schnell auf die Nerven, aber vielleicht ist das bloß Neid.

Am schönsten ist das Flüsschen, wenn an den Ufern Bruchwiesen auftauchen oder der Wupatzsee. Jetzt mündet rechts die eigentliche Löcknitz, die bei Hoppegarten entspringt, durch den Maxsee fließt, an Liebenberg und Kienbaum vorbei. Zum Rudern sei es da oben zu schmal, verlautet mein Gewährsmann von 1909 und empfiehlt die Anschaffung eines »Seehund-Canoe« zum Preis von »M 112«.

In langsamer Fahrt zieht das Dampferchen weiter, Biegung folgt auf Biegung. Hier irgendwo muss die Lyraecke sein, eine Wiese am leicht erhöhten Ufer, im Hintergrund der Wald. Um die Jahrhundertwende Ausflugsziel singender Ruderer und der Chöre der »Berliner Liedertafel«. Die Waldakustik soll hier ganz besonders gut gewesen sein.

Schließlich geht es in den Werlsee, dahinter liegt der Peetzsee, auf den dann der Möllensee folgt, dort endet die Seenkette, der Dampfer wendet ohne anzulegen und macht auf der Rückfahrt in Alt-Buchhorst Station.

Die Geschichte der DDR holt die Älteren hier ein. Der Dampferendpunkt nämlich gehört zu Grünheide und das ist ein Ortsname, der einst Abend für Abend in den (West-)Nachrichten genannt wurde. Robert Havemann hat hier gewohnt. Sein kleines Haus, ein paar Meter entfernt, das die Stasi seinerzeit zum Gefängnis des prominenten Dissidenten gemacht hatte, kennt jeder in der Gegend. »Is ja nur'n kleener Bungalow, fast 'ne Laube bloß«, sagt die Bootsfrau. Klein oder nicht, in den 70er Jahren war es so etwas wie ein Zentrum des Widerstands in der DDR.

Rückfahrt. Wieder geht es durch das schmale Fließ. Langsam meldet sich der Hunger. Die Löcknitz, kann man lesen, war früher ein unglaublich reiches Krebswasser. »Knechte und Mägde der Gegend bedingten es sich aus, nicht öfter als dreimal wöchentlich Krebssalat vorgesetzt zu bekommen.« Als wir nach insgesamt drei Stunden wieder in Erkner anlegen, stelle ich mir heiteren Gesichts und knurrenden Magens die Antworten vor, wenn ich in einer der hiesigen Gaststätten nach Krebsen fragen würde.

Michael Winteroll

TIPPS ZUR TOUR Die Stern- und Kreisschiffahrt fährt mehrmals täglich die Löcknitz aufwärts von Treptow und von Friedrichshagen aus. In Erkner allerdings hält pro Tag nur einmal ein Schiff. Auskünfte der Reederei unter (030) 5 36 36 00, Fax: (030) 56 63 60 99.

MIT DER STRASSENBAHN INS MÄRKISCHE HOLLYWOOD

Tempeltrümmer und die Erinnerung an einen frühen Hippie: Eine Landpartie nach Woltersdorf

Warum heißt die Liebesquelle Liebesquelle? Der Mann zuckt nur mit den Schultern, von irgendeiner magischen Wirkung weiß er nichts. Dann füllt er weiter seine Flaschen, mit diesem Wasser, so tief aus dem Fels, »da schmeckt der Kaffee doch ganz anders«.

Liebe hin oder her, sogar aus Berlin kommen die Leute, um aus der Woltersdorfer Quelle zu schöpfen. Schaden tut es nichts, das haben die Woltersdorfer vom Potsdamer Umweltministerium sogar schriftlich bekommen. Und kosten tut es auch nichts. Wir sind aber nicht wegen des Wassers hier. Wir sind hier, weil wir es mal ein bisschen wie »früher« haben wollen. In Woltersdorf ist es wie früher, und das liegt nicht zuletzt an der Anreise.

Am schönsten ist es mit der S-Bahn. Sie steigen am Bahnhof Rahnsdorf aus, und schräg gegenüber steht sie: Die Woltersdorfer Straßenbahn. Die sieht sogar nach ihrer Grundsanierung immer noch museumsreif aus, das Besondere aber ist die Route: mitten durch den Berliner Stadtforst. Die Bahn fährt immer, auch im Winter. Man stelle sich bloß mal vor, es hat geschneit, dann fahren Sie jetzt also rumpelnd durch den glitzernden Tann. Da muss man schon ziemlich hart gesotten sein, damit einem jetzt nicht warm ums Herz wird. Und es muss auch niemand Angst haben, dass das Bähnchen auf verschneiter Trasse liegen bleibt, »13 Tonnen Eigengewicht, die räumen schon was weg«, versichert Michael Peters, Betriebsstellenleiter des kleinsten Straßenbahnunternehmens Deutschlands. Sechs Triebwagen und vier Anhänger besitzt man, allesamt 1959 bis 61 vom VEB Waggonbau Gotha hergestellt. Zu besonderen Anlässen schicken die Woltersdorfer auch mal ihre ältesten Stücke aus dem Jahre 1913 auf die Gleise.

MIT DER STRASSENBAHN …

Mitten durch den Berliner Stadtforst fährt die Woltersdorfer Straßenbahn

Es geht aber auch ohne Schnee. Draußen rauscht dicht neben der Trasse der Wald vorbei, drinnen verbreiten die hölzernen Handläufe und Paneele trotz der etwas zu bunten neuen Polster ein bisschen Wohnzimmeratmosphäre. Wenn jetzt der Fahrer noch jede zweite Birne rausdrehen und »Stille Nacht« anstimmen würde, niemand nähme es ihm übel.

Er müsste sich freilich mit dem Singen beeilen, denn schon nach fünf Minuten ist der Wald durchquert, und mit reichlich Getöse öffnen sich die Türen. Der Lärm wiederholt sich die nächsten 14 Minuten an jeder Station, bis zur Endhaltestelle an der Woltersdorfer Schleuse. Die »gute« alte Zeit hat eben auch ihre Unanehmlichkeiten.

»Blaues Wunder« nennen die Woltersdorfer ihre neue Schleuse. Wunderbar vor allem für Fußgänger. Die können nämlich immer rüber. Autofahrer müssen sich schon mal in Geduld fassen, wenn Schiffe kommen, wird die Fahrbahn hydraulisch angehoben. Besonders viel Geduld brauchten sie, als am Potsdamer Platz noch richtig gebaut wurde. Da passierte hier Schiff an Schiff auf dem Weg zu den Rüdersdorfer Kalkgruben den Engpass.

Vor 100 Jahren kann das nicht viel anders gewesen sein. Damals entstand das »steinerne Berlin«, war praktisch die ganze Stadt »Potsdamer Platz«, und der Mörtel kam aus Rüdersdorf. Aber zwischen die Lastkähne mischten sich auch die Ausflugsdampfer, Woltersdorf mit seinen Seen und den Kranichbergen im Rücken wurde als märkisches Interlaken gerühmt. Fontane übrigens hatte den Ort in seinen Wanderungen verschwiegen, privat lobte er als Ausflügler das abwechslungsreiche Landschaftsbild.

Woltersdorf war populär, Terraingesellschaften warben für die Ansiedlung. Einer der Neubürger, die sich hier 1907 am Waldrand niederließen, war Hugo Höppener, bekannter als Fidus. Den Nachbarn wird der bärtige Mann, der sich konsequent in Wolle kleidete und ausschließlich vegetarisch ernährte, als Sonderling aufgestoßen sein. Vor dem Ersten Weltkrieg aber hatte der frühe Hippie mit seiner Jugendstilkunst einigen Erfolg. Und er war eine zentrale Figur in der vielfältigen Szene der Lebensreformer, die mit gutem Beispiel den neuen Menschen formen wollten, frei von den Zwängen der in enger Konvention erstarrten Wilhelminischen Gesellschaft. Das Idealbild des neuen Menschen nahm Fidus schon mal malend vorweg: sportliche, immer ein wenig magere und meist nackte Mädchen und Jungen. Der Erste Weltkrieg zerstörte auch solche Traumbilder. Fidus konnte nie wieder an die Erfolge der Vorkriegszeit anknüpfen, suchte später gar die Nähe der Nazis, doch die hielten seine Kunst für entartet. Fidus' Atelierhaus in der Köpenicker Straße 46 ist erhalten, es war all die Jahre im Besitz der Familie Höppener geblieben. Inzwischen hat es ein Berliner Unternehmer gekauft, fach- und stilgerecht sanieren lassen, wofür er mit dem brandenburgischen Landesdenkmalpreis ausgezeichnet wurde. Leider kann man das Haus nur von außen bewundern, alle Pläne, hier ein Museum für die deutsche Lebensreformbewegung einzurichten, haben sich bislang zerschlagen.

Wir sind aber nicht wegen Fidus hier, sondern wegen Woltersdorfs legendärem, wenngleich kaum mehr bekanntem Ruf als Filmmetropole. Und der führt erst einmal in den Wald, genauer hinauf zum Aussichtsturm auf dem Kranichberg. Jenseits der Schleusenbrücke führen zwei Wege zum Ziel. Der eine – länger, aber bequemer – geht nach rechts über die Maiwiese nach oben, der andere – kürzer, aber steiler – beginnt links an besagter Liebesquelle. Wenn man die Treppe hoch dem Hauptweg immer geradeaus folgt, kann man den Turm gar nicht verfehlen.

Fünfunddreißig Meter hoch und auf dem Gipfel des Kranichbergs sieht man von hier an schönen Tagen noch den Fernsehturm am Alexanderplatz auf der einen und die Rauener Berge auf der anderen Seite. Dazu gibt es eine kleine Ausstellung über Woltersdorfs besagte Filmgeschichte, dekoriert mit einstigen Kulissenresten.

1920 nannte man den Ort in einem Atemzug mit Babelsberg, damals ließ der Film-Tycoon Julius Otto Mandel alias Joe May am Ufer des Kalksees auf 75 Morgen eine Kulissenlandschaft für seine Monumentalfilme errichten. Allein für »Das indische Grabmal« entstand 35 Meter hoch der Tempel von Eschnapur, nicht aus Gips, sondern ziemlich solide aus Zement. Valuta war knapp in Deutschland nach dem Ersten Weltkrieg, da musste eben Indien daheim erstehen. Und gleich daneben lag das afrikanische Hüttendorf, die Zebras dazu standen in den Ställen gleich hinter dem heutigen Altersheim an der Rüdersdorfer Straße. Und neben May drehte hier auch der Actionheld der zwanziger Jahre: Harry Piel stürzte sich mehr als einmal und im hohen Bogen in den See. Der Lokalhistoriker Gerald Ramm hat die Filmgeschichte für sein Buch »Als Woltersdorf noch Hollywood war« ausführlich recherchiert. Ramm hat auch versucht mit einem sommerlichen Woltersdorfer Stummfilmfestival an die alte Filmtradition anzuknüpfen, dreimal ging das Festival über die Bühne, dann erwies sich das Unternehmen als zu riskant für den kleinen »Woltersdorfer Verschönerungsverein«.

1932, auf dem Höhepunkt der Weltwirtschaftskrise machte Joe May pleite. Seine Kulissenstadt wurde regelrecht geplündert. Den größten Brocken sicherte sich der

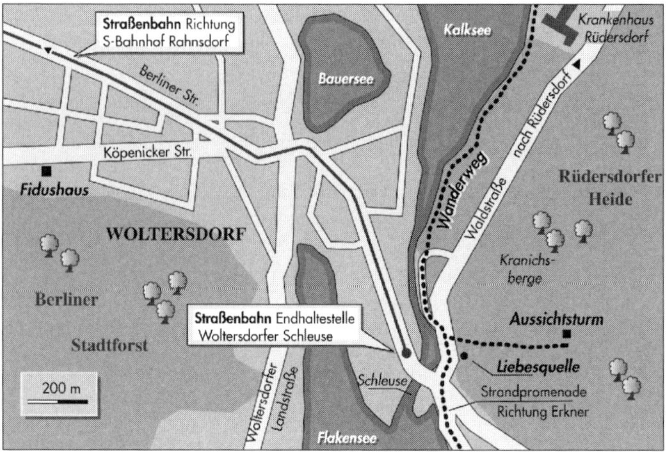

Kunstprofessor Arthur Fischer. Per Kahn wurde der Tempel von Eschnapur über den Kalksee aufs Rüdersdorfer Ufer geschafft. Dort erlebte die Kulissenwelt noch einmal eine Auferstehung: 1938 in Richard Eichbergs »Tiger von Eschnapur« mit La Jana, dem exotischen Sexsymbol ihrer Zeit, in der Hauptrolle. May war da schon im Exil in Hollywood, eröffnete dort das Restaurant »Die blaue Donau«.

Einen kleinen Rest der Tempelkulissen gibt es immer noch. Der Weg dorthin führt von der Liebesquelle weg nach Rüdersdorf, ist blau-weiß markiert und verläuft am Kalksee entlang durch den Wald. Irgendwann stößt man auf ein Krankenhaus und dahinter auf den Ortsteil Seebad Rüdersdorf. In Höhe einiger Garagen befand sich der Tempel, der Fuß des Buddhas, der hier noch vor ein paar Jahren stand, ist inzwischen gestohlen. Geht man aber rechts einen Fußweg landeinwärts den Hügel hoch zur Straße »Seebad« und wendet sich wieder rechts bis ans Ende einer kurzen, unbefestigten Sackgasse bis zu den Häusern 1a und 1b, kann man über den Zaun einen Blick auf ein kleines rundes Tempelchen aus rohem Zement werfen, dem kümmerlichen Rest der einst mächtigen Anlage.

Der Weg am Wasser lang führt übrigens weiter nach Rüdersdorf, hat uns Jörg Lüderitz, einheimischer Verfasser einiger Wanderführer, versichert. Geht man dort unter der Autobahnbrücke durch, stößt man an der nächsten Brücke auf die Rüdersdorfer Straßenbahn. Die fährt von hier, gleichfalls durch den Berliner Forst, zurück zum S-Bahnhof Friedrichshagen. Die Strecke Liebesquelle–Straßenbahn schätzt Lüderitz auf acht Kilometer.

Wem der Sinn einfach nur nach einem Spaziergang steht: Vielleicht noch ein bisschen schöner, weil abwechslungsreicher, ist der Fontane-Wanderweg von der Liebesquelle aus gesehen in die andere Richtung am Flakensee entlang. Der Weg führt von der Woltersorfer Seepromenade aus erst am See entlang und dann später parallel zur Löcknitz nach Erkner. Geschätzte Entfernung von der Liebesquelle bis zum S-Bahnhof Erkner etwa sieben Kilometer.

Andreas Austilat

TIPPS ZUR TOUR

Die Straßenbahnlinie 87 gehört zur Berliner Tarifzone C; es gelten die Fahrscheine der BVG. Der Aussichtsturm auf dem Kranichberg ist von November bis März samstags und sonntags von 10 bis 16 Uhr geöffnet, von April bis Oktober montags bis freitags von 9.30 Uhr bis 15.30 Uhr, samstags und sonntags von 10 bis 17 Uhr, Telefon (0 33 62) 2 47 93. Wer unbedingt mag, kann übrigens auf dem Kranichberg auch heiraten, er muss sich nur vorher an das Woltersdorfer Standesamt wenden.

Restaurants gibt es zwei, gleich an der Schleuse: »Kranichsberg« und »Liebesquelle«.

STILECHT MIT MÜTZE

Vier Stunden lang »Romantische Schlossrundfahrt« von Potsdam nach Potsdam

In das hohle Rollen eines Dieselzuges auf der Eisenbahnbrücke, die Potsdams Hafengelände überspannt, mischt sich wahrhaftig ein Reiherschrei. Ganz oben auf kahlem Baumast sitzt und äugt der Vogel, ein Graureiher, wie Hans-Joachim Kersten erkennt. Er führt das Motorschiff »Charlottenhof« und hat bei seinen Touren auch schon Kraniche gesichtet, offenbar durchreisend und stets Abstand haltend zum Schiff. Ein ornithologisch gebildeter Kapitän? Kersten geniert sich nicht, der Vier-Stunden-Route »Romantische Schlossrundfahrt« eine richtige Liebeserklärung zu widmen: »Ich mache die Fahrt sehr, sehr gern, hauptsächlich dort, wo sie auf der Havel durch relativ unberührte Natur führt.«

Dem naturkundlichen Aspekt folgt umgehend der historisch-kulturelle. Preußische Geschichte war vom Fahrplan versprochen worden, und ein Fahrgast trägt dem Rechnung: Er ist mit Prinz-Heinrich-Mütze, hellblauer Sommerversion, erschienen und widmet den »Gewässern rings um unsere Landeshauptstadt Potsdam« (der Schiffsführer und Lokalpatriot bei der Begrüßung über Bordlautsprecher) anhaltende, feldstecherverstärkte Aufmerksamkeit.

Das Schiff mit dem Schlossnamen – die Schinkel-Schöpfung Charlottenhof ist der südlichste Schlossbau im Park von Sanssouci – wird Schlösser halbdutzendweise passieren, wobei sich die Fahrgäste freilich mehrfach bloß auf Kerstens Mitteilungen verlassen können, nicht auf eigenen Augenschein: Auch ein trockener Sommer belaubt die Bäume, und aus ist's mit der unverstellten Sicht landeinwärts. Gleich der erste Fall gehört unter die Rubrik »unsichtbare Schlösser«, Caputh am Südende des Templiner Sees.

Wieso See? Der Cicerone am Steuerruder erklärt das ebenso hübsch wie treffend: »Meist bekommt die Havel, wenn sie sich etwas weitet, einen anderen Namen.« Wo sie sich wieder bescheiden zu einem erkennbaren Flusslauf verengt, liegt also Caputh, Sommersitz Albert Einsteins von 1929 bis 1932. Der Nobelpreisträger hat da, wo die »Charlottenhof« gerade fährt, sein »dickes Segelschiff« – ein Jollenkreuzer, den ihm Berliner Bekannte zum 50. Geburtstag verehrten – vom Wind schieben lassen.

Noch großzügiger zeigte sich ein anderer Caputh-Freund: Kurfürst Friedrich Wilhelm. Der schenkte 1662 seinem Generalquartiermeister Philipp de la Chièze, Kriegsingenieur und Bauleiter beim Vorgänger des heutigen Oder-Spree-Kanals, gleich den gesamten Ort. Chièze baute sich ein Schlösschen, später erweitert und Aufenthalt für Kurfürstin Dorothea. Der erste Preußenkönig Friedrich I. erkor es zum Ziel seiner Lustfahrten auf vergoldetem Prunkschiff, während Friedrich II. mit praktischem Sinn aus dem barocken Anwesen eine Garnfärberei machte. Preußische Metamorphosen ...

Den nächsten Ansteuerungspunkt hat wiederum Karl Friedrich Schinkel entworfen. Schloss Petzow, gut wahrzunehmen als blassgelber Bau mit rotem Ziegeldach, bestätigt allerdings Theodor Fontanes Erkenntnis: »Es ist bemerkenswert, daß alles Gotische oder von der Gotik Hergeleitete auf unserm märkischen Boden seit Wiederbelebung dieses Stils nicht gelingen wollte.« Gleichwohl lobt der distinguierte Herr in saisongerechter Prinz-Heinrich-Aufmachung die Fernglas-Sicht zum Ufer; in der Tat bedeutet es Genugtuung, das erste der versprochenen Schlösser leibhaftig zu erblicken.

Der Lenné-Park, so scheint es, könnte eine gärtnerische Neuordnung vertragen. Die romanische Kirche von 1841 – ihr befremdlich wirkender Turm erhebt sich aus dem Sommergrün – bekam den Baustil durch König Friedrich Wilhelm IV. verordnet. Derlei Kirchen sind in der Potsdamer Umgebung nicht selten, weshalb noch einmal der kritische Fontane zitiert sei: »Der Gottesdienst, die Gemeinde, vor allem die Szenerie gewannen durch diese Neubauten; aber die Lokalgeschichte erlitt erhebliche Einbuße, weil alles Historische, was sich in den alten Kirchen vorfand, meist als Gerümpel beseitigt und fast nie in den Neubau mit hinübergenommen wurde. Ein ›gefälliger Punkt in der Landschaft‹ ist gewonnen, eine vielversprechende Schale, aber, in den meisten Fällen, eine Schale ohne Kern. Zu diesen in historischer Beziehung ›tauben Nüssen‹ gehört auch die Petzower Kirche.«

Und nun hinein in das, was der Markwanderer, -fahrer, -segler eine »Havelbucht im großen Stil« genannt hat: den Schwielowsee. Zwar imponiere »die weite Wasserfläche mehr durch ihre Masse als durch ihre Tiefe«, doch ist zugleich von Unberechenbarkeit und zahlreichen Wracks die Rede. Kapitän Kersten versichert, wenn ein bestimmter Weststurm bläst, schlagen die Wellen bis zu zweieinhalb Meter hoch.

Was einst im Unwetter sank, wurde schon zeitig zu heben unternommen. Als Inspiratoren pfiffiger technischer Verfahren taten sich dabei die Versicherungsgesellschaften hervor. Eine bildhafte Schilderung entsprechender Bemühungen aus der Mitte des 19. Jahrhunderts findet sich im »Havelland«-Teil, Kapitel »Der Schwielow«, in Fontanes »Wanderungen«.

Den Blicken nach links folgen solche nach rechts, auf das frühere Wendendorf Geltow. Der Ort wurde anno 993 durch König Otto III. zusammen mit Potsdam der Abtei Quedlinburg übereignet, was die gleichzeitige urkundliche Ersterwähnung bedeutete und folglich parallele 1000-Jahr-Feiern 1993 zur Folge hatte. In nächster Nähe zu Geltow soll übrigens den Husarenmajor Ferdinand von Schill 1809 der (missachtete) Befehl des Berliner Stadtkommandanten erreicht haben, seinen antinapoleonischen Freischärlerzug abzubrechen.

So werden, ließe sich witzeln, die »Charlottenhof«-Passagiere über den diversen geschichtlichen, dynastischen, militärhistorischen und architektonischen Reminiszenzen allmählich »reif für die Insel«. Die taucht programmgemäß auf der Backbordseite auf: Werder. Schade, dass wegen der vormittäglichen Stunde und

Begegnung bei der Seenrundfahrt

des vorgeschriebenen Kurses einer superben Empfehlung von 1784 nicht gefolgt werden kann: »Ein Umfahren der Insel an schönen Sommerabenden gewährt ein besonderes Vergnügen, zumal wenn des Echos halber die Fahrt von einem Waldhornisten begleitet wird.« Vielleicht vermag jemand einen Berliner Philharmoniker oder Sinfoniker zu derartiger Expedition zu bewegen? Schon »des Echos halber« und weil Werder bis jetzt ein wenig von seiner legendenumwobenen Vergangenheit als Fischer- und Schifferstadt bewahrt hat.

Töplitz und Phoeben ziehen mäßig beachtet vorüber: Nach Werder braucht es stärkere Eindrücke, um die Aufmerksamkeit neu zu wecken. Ketzin, vom Fahrplan angekündigt, kommt nicht in Sicht, sondern bleibt links, also havelabwärts liegen, indes bei Paretz und dessen Gilly-Schloss für Friedrich Wilhelm III. der Sacrow-Paretzer Kanal erreicht wird. Erst ein Signal dreimal lang, einmal kurz (»Ich biege über Steuerbord ins Hauptfahrwasser ein«), dann ist Vogelkonzert angesagt. Im vielstimmigen Chor aus den Uferbäumen lässt sich am sonnenhellen Mittag sogar die Nachtigall gelegentlich vernehmen.

STILECHT MIT MÜTZE

Zuletzt folgen die Schlösser noch einmal gewissermaßen Schlag auf Schlag. Im Potsdamer Neuen Garten, der dem Jungfernsee seine durchaus respektable Kehrseite zuwendet: Cecilienhof im englischen Stil, noch längst keine 100 Jahre alt und 1945 Tagungsort der Potsdamer Konferenz Churchills (dann Attlees), Stalins und Trumans. Die Herren und ihre Begleitung rumpelten an jedem Konferenztag aus ihren Babelsberger Quartieren über die Pontons der kriegszerstörten, notdürftig geflickten Glienicker Brücke nach Cecilienhof.

Köpfe gewendet: Das Schloss auf der Pfaueninsel grüßt von Ferne durch eine Baumlücke. Köpfe wieder gewendet: Die Schlösser Glienicke (zu ahnen) und Babelsberg (zu sehen) erheischen Aufmerksamkeit. Etwas vergessen? Bestimmt. Das Marmorpalais im Neuen Garten zum Beispiel oder das weithin unbekannte, nichtsdestoweniger hübsch idyllische Kleine Schloss am Fuße des Flatowturms. Alle haben sie einen gemeinsamen Vorzug: Sie lassen sich gemächlich einzeln besuchen, falls man sich durch den Schiffszeitraffer überfordert fühlte.

Günther Bellmann

Tipps zur Tour

Mehrere Reedereien bieten solche und ähnliche Rundfahrten von Potsdam, Berlin-Wannsee oder anderen Anlegestellen aus an, darunter auch ganztägige Schiffsreisen.

Stern- und Kreisschifffahrt, Telefon (030) 53 63 60-0
Weiße Flotte Potsdam: Telefon (0331) 2 75 92 30
Reederei Winkler: Telefon (030) 3 49 95 95
Reederei Riedel: Telefon (030) 6 91 37 82
Info im Internet: www.berliner-verkehr.de

AUF DER SUCHE NACH DER VERLORENEN STADT

Von Strausberg in den Forst Blumenthal – Ein Rundkurs vor allem für Radwanderer

Lenin liegt verpackt im Hof. Vor ein paar Jahren stand er noch auf Strausbergs Markt, eine Hand in der Tasche, die andere am Revers. Inzwischen ist sein Platz zwischen den Betonkandelabern leer, die Statue kam ins Heimatmuseum. Und da liegt er nun, als Dokument der Zeitgeschichte, über sein endgültiges Schicksal ist nicht beschieden, wahrscheinlich wird er dort auf dem Hof bleiben.

Strausberg hat sich verändert. In der »Großen Straße« werden die Schaufenster immer größer, manchmal zum Schaden der Architektur, die »Große Straße« ist eine von zweien, deren Häuser noch etwas vom alten Charakter der märkischen Kleinstadt verraten, gleich neben einer neuen Sushi-Bar und dem portugiesischen Restaurant. Die andere, die Georg-Kurtze-Straße, erinnert noch mehr an die Vergangenheit der einstigen Provinzstadt. Auch hier wird saniert, manche Häuser leuchten im frischen Pastell, gleich daneben, zu Füßen der Marienkirche, Spuren des Verfalls. In der Kirche, einem imposanten Feldsteinbau aus dem 14. Jahrhundert, steht übrigens ein sehenswerter Altar, beeindruckendes Beispiel märkischer Handwerskunst.

Strausbergs größter Trumpf aber ist die S-Bahn. Mit der Bahn kam um die Jahrhundertwende der Wohlstand in die märkische Tuch- und Schuhmacherstadt. Von ihm zeugen heute noch die Gründerzeitvillen in der Vorstadt. Und mit der S-Bahn könnten heute die Touristen kommen, in wenig mehr als einer Stunde vom Bahnhof Zoo aus.

Strausberg ist vorbereitet, die Wanderwege sind abgesteckt. Mit dem Fahrrad gelangt man vom S-Bahnhof Strausberg-Nord in wenigen Minuten nach Wilkendorf, der Weg ist grün-weiß markiert. Was haben wir diesen Ort gemocht, so malerisch drängten sich die Gehöfte um Anger und Kirche. Anger und Kirche sind immer noch da, aber der Golfplatz Wilkendorf hat das Dorf gehörig in die Zange genommen. Immerhin, der Platz ist ein Publikumsmagnet, hier dürfen nicht nur Klubmitglieder den Schläger schwingen, hier dürfen sich auch Laien in Schnupperkursen ausprobieren. Und wer keinem Klub angehört, nutzt den einzigen öffentlichen 18-Loch-Platz weit und breit. »Müssen'se nur rüber, ihr Greenfee bezahlen, und los geht's«, verspricht ein Mann in der Holzhütte am Rand der grünen Wiese, »Volkssport Golf« eben, wie eine große Werbetafel verheißt.

Das Wilkendorfer Schloss hat übrigens von der Golf spielenden Nachbarschaft bislang nicht profitieren können (auch wenn sich die Anlage »Golfpark Schloss Wilkendorf« nennt). Das ehemalige Gästehaus der NVA soll zwar einen Käufer gefunden haben, was aus der zumindest äußerlich gepflegten Anlage wird, ist aber noch unklar. Ein Hotel hätte es wohl nicht leicht, denn an Konkurrenz mangelt es nicht. In der Nachbarschaft Richtung Gielsdorf ist das ehemalige Schützenhaus und das Gästehaus der Rüdersdorfer Zementwerke zum »Lakeside Country Hotel« mutiert. Tatsächlich sieht der Bau mit seinen Türmchen und Erkern »very british« aus. Unzweifelhaft märkisch ist dafür die schlaglochreiche Kopfsteinpflasterallee, die wie zu Fontanes Zeiten aus Wilkendorf herausführt.

Die Allee fordert Mensch und Material, ist aber doch für Radfahrer der sicherste Weg nach Prötzel, sicherer als die Chaussee von Strausberg mit ihrem Autoverkehr. Auf diese stößt man auf diese Weise erst zwei Kilometer vor Prötzel, hier muss man nach links einbiegen.

»Wenn man von Berlin nach Prötzel kommt, so führet eine schöne, 620 Schritt lange, gepflasterte Lindenallee nach dem Hofe des Lustschlosses.« So beschreibt 1777 Johann Bernoulli in seinen »Reisen durch Brandenburg« den Weg nach Prötzel. Die Allee ist verschwunden, das Schloss, als dessen Erbauer Andreas Schlüter angenommen wird, liegt immer noch am Ufer eines kleinen Sees.

Schloss und Park zogen nicht nur Bernoulli an, die Prötzeler Anlage markierte ähnlich wie Rheinsberg den Übergang vom barocken zum Landschaftspark, in dem man versuchte, die eigenen Vorstellungen in die Landschaft einzufügen und nicht umgekehrt. Noch um die Jahrhundertwende wurde die Schönheit des Parks rings um den See gelobt, hielten die Eckardsteins, Herren auf Prötzel, weißes Damwild im eigenen Tiergarten.

Heute ist der Park verwildert, aber allein schon der alte Baumbestand am Schlosssee gibt noch eine Ahnung von der alten Pracht. Auch der Fußballplatz, den die neuen Nutzer nach 1945 ins Parterre unter der Terrasse setzten, wuchert langsam zu. Alle Pläne, die aus Schloss Prötzel eine Akademie für Führungskräfte, eine Beautyfarm oder einen Golfplatz machen sollten, haben sich zerschlagen, Das Bauschild ist längst weg. Und rechnen würde sich so ein Unterfangen womöglich auch nicht mehr, zwischen »Lakeside Country Hotel« drüben bei Gielsdorf und dem »Hochzeitsschloss« Reichenow nur sechs Kilometer entfernt, Richtung Wriezen, ist eine Marktlücke schwer auszumachen. So hat wohl das verwunschene Seeufer alle Chancen, auf absehbare Zeit

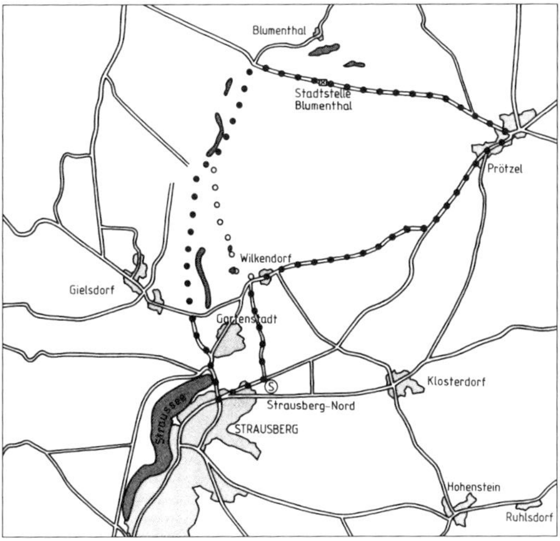

nichts weiter zu bleiben als ein verwunschener Picknickplatz. Und wem gar nicht nach Picknick zumute ist, vorn an der Wriezener Straße liegt der ansehnliche Gasthof, »Zur goldenen Kartoffel«.

Das Schloss selbst fanden wir verschlossen, durch einen zerbrochenen Fensterladen konnten wir einen Blick in den leeren Festsaal werfen. Die Rückfront ist mit Einschüssen übersät. »Die Russen ...«, hatte uns eine Bäuerin im benachbarten Wirtschaftsgebäude vor ein paar Jahren erzählt. Seit 1945 hatte sie in der Remise des alten Gutshofes gelebt, mit ihrem Mann das ramponierte Orchideenhaus als Scheune genutzt. Nun ist sie weg, das Orchideenhaus verfallen, und auch die Remise steht leer. Schon pfeift der Wind durch die zerbrochenen Fenster, hängen die Türen schief in den Angeln. »Mit nichts sind wir gekommen«, erzählte uns die Frau, die in den letzten Kriegstagen von jenseits der Oder geflüchtet war. »Wie hätten wir den großen Hof herrichten sollen!« Immerhin, die improvisierte Nutzung hat das Haus über Jahrzehnte erhalten. Vier Jahre Leerstand haben auch die Nebengebäude ruiniert.

Von Prötzel nehmen wir die Landstraße nach Tiefensee. Nach rund sechs Kilometern liegen links die Wirtschaftsgebäude der Stadtstelle Blumenthal und ein paar Kleingärten. Hier im Wald links der Chaussee liegt jene legendenumwobene Stelle, an der phantasiebegabte Heimatforscher eine Art märkisches Atlantis wittern, die untergegangene Stadt Blumenthal. Das Landbuch Kaiser Karls IV. erwähnt lediglich ein Dorf dieses Namens, verzeichnet aber keine Abgaben. Zu dieser Zeit, wahrscheinlich im Pestjahr 1348, muss die Siedlung also schon verlassen worden sein, vielleicht machten aber auch Raubritter, die Pommern oder die Hussiten dem Anwesen den Garaus.

Und so zogen sie denn aus, die Stadt Blumenthal zu suchen, irgendwo im verwunschenen Urwald. Bernoulli tat es, Fontane und wir natürlich auch. Die kopfsteingepflasterte Auffahrt vor dem alten Gehöft geht nach links in einen breiten Fahrweg über. Nach 100 Metern in einer Linkskurve führt rechts ein bewachsener Weg zu einem

Schlagbaum am Waldrand. Diesem Weg muss man bis zur ersten Kreuzung folgen und dann nach links abbiegen. Schon vor der Kreuzung haben wir im Unterholz einen völlig überwucherten Gebäuderest gesehen.

Jetzt aber öffnet sich der Weg nach links zu einem Feld, der Feldrand ist mit Steinen bedeckt, unbehauenen und bearbeiteten, in Generationen untergepflügt: die Reste der Stadt Blumenthal. Am vorletzten Rain muss man das nicht mehr bestellte Feld betreten. Dort, zwischen einer jungen Eiche und einer doppelstämmigen Birke, liegt der »Markstein«, ein abgeflachter Findling, wahrscheinlich aus semnonischer Zeit. Fünf Meter tief soll er in den Boden reichen, zwei Meter misst er im Durchmesser. Ein Opferstein, so wird vermutet, denn der Blumenthal soll in germanischer Zeit ein heiliger Hain gewesen sein. Manche Heimatforscher malen gerne aus, wie halbnackte Semnonen um den Stein tanzten, bevor sie sich gewissermaßen auf dem Kriegspfad den Cheruskern anschlossen, um gemeinsam den Legionen des Varus im Teutoburger Wald aufzulauern.

Zurück auf der Chaussee, der Abstecher dauert etwa eine halbe Stunde, fahren wir Richtung Tiefensee weiter. Nach ein paar 100 Metern zweigt links ein Fahrweg in den Wald ab. Diesem Fahrweg folgt man immer geradeaus, auch wenn sich der Hauptweg bald nach links wendet.

Der Blumenthal ist nicht mehr der gerühmte Urwald von einst, dessen Artenreichtum den Afrikaforscher Schweinfurth vor rund 100 Jahren zum Schwärmen verführte. Aber er ist immer noch ein schöner Mischwald, keines von diesen monotonen Stangengehölzen.

Noch schöner wird es, wenn man hinter einer Schonung, die am linken Wegrand liegt, den bequemen Hauptweg verlässt und rechts in einen Hohlweg abbiegt. Er führt bergab zum Lattsee, Teil einer Seenkette in einer eiszeitlichen Rinne, die von Tiefensee durch den Gamengrund nach Strausberg führt. Die Rinne bildet den landschaftlich reizvollsten Teil des Blumenthals.

Wer mag, kann sich nach rechts wenden und den großen Lattsee umwandern, ein Forstarbeiter hat uns versichert, der Weg würde wieder bis zum Hauptweg führen. Er kann sich aber auch mit einem kürzeren Eindruck begnügen und nach links wenden, dieser Weg führt mit Sicherheit zum Hauptweg, wir haben es probiert. Für Radfahrer ist der wurzelzerfurchte Boden allerdings ein wenig beschwerlich, das Rad muss bestimmt geschoben werden. Man wird aber durch die Ruhe des Ortes entschädigt, wir waren schon ein paar Mal hier, und jedes Mal blieben wir ziemlich einsam. Zurück auf dem Hauptweg bieten sich bald drei ausgeschilderte Möglichkeiten: Die erste führt nach links zurück nach Wilkendorf, ein weiterer Weg zweigt bald nach rechts ab, nach Gielsdorf, wir sind dem Hauptweg geradeaus gefolgt, bis links der Ihlandsee auftaucht. Weiter geradeaus trifft man auf die Straße, die zurück nach Strausberg und zur S-Bahn führt.

Andreas Austilat

Tipps zur Tour

Strausberg ist von Berlin aus am besten mit der S 5 zu erreichen. Weitere Informationen zur Stadt und Umgebung bieten das Touristik-Informationszentrum in der August-Bebel-Straße 1, 15344 Strausberg, Tel. (0 33 41) 31 10 66, geöffnet Mo.–Fr. 9 – 18 Uhr, Sa. und So. 9 – 13 Uhr (im Sommer; im Winter sind die Öffnungszeiten etwas kürzer.) Dort hilft man auch gerne bei der Zimmervermittlung.
Heimatmuseum Strausberg: August-Bebel-Straße 33, 15344 Strausberg, Tel. (0 33 41) 2 36 55, Öffnungszeiten: Di., Mi., Do. von 10 – 12 Uhr und von 13 – 17 Uhr sowie während der Sommermonate So. 14 – 17 Uhr. Führungen auf Anfrage.
Die St. Marienkirche ist im allgemeinen Dienstag und Samstag von 14 bis 18 Uhr geöffnet, nach Voranmeldung auch außerhalb dieser Zeiten, Telefon Freundeskreis St. Marien: (0 33 41) 31 20 49
Informationen zum Golfplatz Schloss Wilkendorf: Telefon (0 33 41) 33 09 60 oder im Internet: www.golfpark-schloss-wilkendorf.com.
Der Gasthof »Zur goldenen Kartoffel« in Prötzel ist täglich von 11 – 23 Uhr geöffnet, durchgehend warme Küche.

SEELEUTE UNTER SICH

Von Märkisch Buchholz nach Neubrück – Eine Paddeltour auf Dahme, Schmöldesee und Hölzernem See

Der Krebs hat die Ruhe weg. Eine kleine Ewigkeit klebt er nun schon an seinem modrigen Pfosten. Knapp unterhalb der Wasserlinie ist er scheinbar eine leichte Beute. Aber Krebse können flink sein – wenn sie wollen. Als Kinder haben wir versucht, sie mit der bloßen Hand am Schwanz zu packen. Dann verschwinden sie blitzschnell. Doch der hier weiß wohl, dass niemand ihn packen will.

Nach 20 Minuten dämpfen Fluss und Mittagssonne unser städtisches Tempo. Alles ist träge: Das Wasser, der Krebs, der Graureiher, der mit müdem Flügelschlag die Dahme kreuzt oder Wendisch-Spree, wie man früher sagte. Wer will sich da noch beeilen?

Eigentlich sind wir gar nicht die Dahme hinuntergepaddelt, sondern den Dahme-Umflut-Kanal, von Märkisch Buchholz nach Prieros. Aber das klingt so langweilig, nach Wasserstraße, wie mit dem Lineal gezogen. Das wäre ungerecht – ungerecht gegenüber dem Graureiher und dem Krebs, die sich hier offenbar wohl fühlen. Krebse sind übrigens sehr wählerisch, sie fischen nicht gern im Trüben, mögen am liebsten sauberes Wasser.

In sanften Windungen zieht die Dahme ihre Bahn. Kaum etwas deutet auf die Anwesenheit von Menschen. Der Schilfgürtel nicht, die Böschung ebenso wenig, die verfilzten Uferwiesen auch nicht und die Kiefern und Birken am Waldrand dahinter sowieso nicht. Auf 14 Flusskilometern kreuzt gerade eine schmale Brücke das Wasser. Vierzehn Flusskilometer, gemächliche Paddler wie wir fahren da den halben Tag.

»Wanderpaddler« hat uns der alte Mann in Märkisch Buchholz genannt. Der, der mir seinen Kugelschreiber geschenkt hat, denn meiner ist gleich als Erstes über

Bord gegangen. Natürlich hat er kein Geld verlangt. Früher ist er ja selbst auf der Dahme gefahren, vor 40, 50 Jahren. Und: »Unter Wanderpaddlern«, sagt er beinahe entrüstet, »nimmt man kein Geld.« Wanderpaddler, das klingt toll, haben wir doch vom Paddeln eigentlich keine Ahnung. Muss man auch nicht, denn der Dahme-Umflut-Kanal hat keine Strömung. Wir nehmen uns vor, den Ersten zu grüßen, der uns entgegenkommt. Das wird nach anderthalb Stunden geschehen.

Eigentlich wollten wir ja den Unterlauf der Dahme befahren. Hinter Golssen etwa, wo sich der Fluss in unregulierten Windungen durch den Wald kämpft. Doch da konnte die Bahnhofsvorsteherin im nahen Städtchen Halbe nur lachen. Ihr Bruder habe das einmal versucht und die meiste Zeit sein Boot tragen müssen. Zum Glück haben wir es gelassen. Das Unterfangen wäre nicht nur mühsam gewesen, sondern wegen des niedrigen Wasserstands auch frevelhaft, eine Bedrohung für Fisch und Laich. Und seit das Gebiet zwischen Golssen und Märkisch Buchholz Naturpark ist, ist das auch verboten.

Hinter Märkisch Buchholz aber ist der Fluss gut sechs Meter breit und tief genug. Trotzdem mussten wir im Sommer in der alten Hermsdorfer Schleuse schon mal ein Weilchen warten. »Ich würd euch ja gern schleusen«, hat uns der alte Schleusenwärter mit seiner Kapitänsmütze zwar versichert, »wenn ich nur genug Wasser hätte.« Immerhin hat er uns auf seinem Inselchen rasten lassen. Inzwischen ist die Schleuse neu und der Wärter auch. Wahrscheinlich könnten sogar wieder größere Kaliber passieren, wie früher, als hier noch Fahrgastschiffe mit mehr als 100 Plätzen durchgekommen sind. Aber das wird wohl Geschichte bleiben. Selbst Sportboote sind immer noch rar, denn welcher Motorbootfahrer will sich zweimal schleusen lassen auf 14 Kilometern. Sehr zur Freude der Graureiher.

Oder traut sich keiner hierher, weil sich immer noch nicht rumgesprochen hat, dass inzwischen Waffenstillstand herrscht. Zu NVA-Zeiten war hier nämlich Schießplatz, schlugen die Russen eine Ponton-Brücke über den Kanal. Jetzt rosten die Pontons am Ufer.

Auf dem Dahme-Umflut-Kanal

Bei uns hat es eine Stunde gedauert, bis fünf Boote zusammenkamen, dann hat uns der Alte doch geschleust und mit der Hand an der Kapitänsmütze »Gute Fahrt« gewünscht. Seeleute unter sich.

Am Streganzer See leuchtet rechts das Schild eines Gasthofs. Doch echte Wanderpaddler haben alles dabei, was sie zum Überleben brauchen.

An der Schleuse in Prieros steht die Ampel auf Rot. Am linken Ufer liegt ein Rollwagen im Wasser, führen Gleise an Land. Die Slipanlage; ohne große Anstrengung können wir das Boot zur anderen Seite ziehen. Wir passieren den Kirchturm von Prieros und steuern den Zeltplatz am Eingang zum Schmöldesee an. Schön mit sanft abfallendem Sandstrand liegt der Platz im Schatten der Kiefern am Rande der Dubrow, dem naturgeschützten Forst am Ufer des Sees.

Früher hieß der Platz D 66, da gab es hier Trinkwasser aus dem Hahn und ein paar Plumpsklos, da mussten die Wanderpaddler noch richtig harte Burschen sein. Inzwischen hat der Fortschritt in Form eines richtigen Sanitärgebäudes Einzug gehalten. Mit dem Fortschritt kamen freilich auch die Zäune, die benachbarte Wanderdüne ist gesperrt, der ehemalige Badeplatz dahinter auch, aus Gründen des Naturschutzes. Versuchen Sie also erst gar nicht, sich am Ufer des Schmöldesees in die Büsche zu schlagen, es ist verboten, erlaubt ist nur der Campingplatz.

Am nächsten Tag fahren wir die anderthalb Kilometer zurück nach Prieros, denn Prieros ist Zivilisation in ihrer beinahe höchsten Blüte. Brückenzoll durften die Prieroser früher erheben. Sechsunddreißig Pfennig für jeden Fußgänger, 3 Pfennig für ein Schwein und 13 Pfennig für beladene Kähne, die drunter durchfahren. So steht es auf einer Tafel am Heimatmuseum. Heute lebt der Ort vom Tourismus und das inzwischen wieder nicht schlecht. Achthundert Einwohner hat Prieros im Winter, im Sommer sind es mehr als doppelt so viele. Es gibt eine Reihe Restaurants, ein Gestüt, einen kleinen botanischen Garten und das Heimatmuseum in einem 250 Jahre alten Fachwerkhaus.

Wenn sich allerdings wie bei uns am zweiten Tag Konditionsmängel bemerkbar machen, dann ist der Weg zurück nach Prieros teuer erkauft. Denn wer wie wir das Boot mit dem Auto nach Märkisch Buchholz transportiert hat, der muss wieder dorthin zurück. Das geht am einfachsten von Neubrück aus.

Von Prieros sind das noch einmal sieben Kilometer, und mit der Ruhe der Dahme ist es auf den Seen vorbei. Hier lernt der Wanderpaddler seinen natürlichen Widersacher kennen: den gemeinen Motorbootfahrer. Der hält sich an keine Geschwindigkeitsbegrenzung, weshalb er flott von A nach B kommt, aber nie einen Flusskrebs sieht und Graureiher schon gar nicht.

Nicht dass die Wellen den Paddler allzu arg in Bedrängnis bringen könnten, doch kommen sie schräg von vorn, nehmen sie jeglichen Schwung. Und das ist böse, wenn die Arme immer länger werden. Ganz böse wird es, wenn einen die künstliche Brandung gerade beim Ausstieg erwischt, in jenem heiklen Moment, in dem ein Fuß noch an Bord, der andere schon an Land ist.

Unterhalb der Brücke am Ausgang des Hölzernen Sees kommt man leidlich aus dem Wasser. Oben ist

200 Meter links eine Haltestelle.Von hier könnte einer mit dem Bus in 14 Minuten zurück nach Märkisch Buchholz fahren, um das Auto zu holen.

Der andere, der muss solange beim Boot bleiben und warten. Er kann ja den Motorbooten zuwinken und ihnen dabei heimlich einen Maschinenschaden wünschen.

Andreas Austilat

Tipps zur Tour

Märkisch Buchholz erreicht man über die A 13 Berlin–Dresden, Abfahrt Halbe/Teupitz, die Entfernung beträgt vom Schönefelder Kreuz/Berliner Ring rund 30 Kilometer. Eine gute Einsetzstelle ist direkt unterhalb des Wehrs, wir haben dazu den vorhandenen Slipwagen benutzt. Bei Neubrück am Hölzernen See kommt man leidlich an die Brücke. Besser fährt man aber unter der Brücke durch noch ca. 200 Meter weiter bis zu einem kleinen Park am linken Ufer. Die Haltestelle liegt oben an der Brücke, 200 Meter weiter links. Der Bus der Linie 725 fährt nach Märkisch Buchholz. Abfahrt ab Neubrück, sonntags leider nicht sehr oft, Fahrplanauskunft erhält man beim Tourismusverband Dahme Seen e.V. Am Bahnhof, 15711 Königs Wusterhausen, Telefon (0 33 75) 25 20 25 oder 25 20 19. Einfacher hat man es, wenn man sein Boot vor Ort leiht, zum Beispiel bei Siegmar Krüger in Märkisch Buchholz, Telefon: (03 37 65) 80507 oder (01 72) 3 19 62 53, Krüger bringt einen auch zur Einsetzstelle und holt einen zum verabredeten Zeitpunkt am gewünschten Ort wieder ab. Informationen zur Region erteilen auch der Fremdenverkehrsverein »Tor zum Spreewald« e.V., Märkisch Buchholz/Köthen, Birkenstraße 7, 15748 Märkisch Buchholz, Telefon (03 37 65) 8 06 35 sowie der Fremdenverkehrsverein »Schenkenländchen«, Berliner Str. 2, 15746 Groß Köris, Telefon (03 37 66) 6 37 20.
Heimatmuseum in Prieros: Dorfaue, 15752 Prieros, Tel. (03 37 68) 5 01 44, geöffnet von Mai bis September Di.–Fr. 11–16 Uhr, Sa. und So. 13–17 Uhr, Mo. geschlossen, Führungen nach telefonischer Vereinbarung, Tel. (03 37 68) 5 01 30.

VON DER EISZEIT EINGEFRÄST

Das Schlaubetal – Auf 20 Kilometer Bachlauf sind Tier- und Pflanzenwelt fast noch heil

Noch existiert sie nicht, die tönende Beigabe zu »Tagestouren um Berlin«. Sobald sie erfunden ist, sollte eine akustische Aufzeichnung »Frühsommer an der Ragower Mühle« die Texte komplettieren: Vogelkonzert mit dem Kuckuck als Taktschläger, Grillenchor von sägend durchdringender Intensität, leises Rauschen des Flüsschens, das sich über das Mühlwehr stürzt. Zuletzt bellt der junge schwarze Pudel des Mühlenhofs mit heller Stimme. Die Luft ist tatsächlich wie die viel zitierte Seide, gesättigt vom Aroma des verblühenden Flieders. Um die Füße treiben Fallschirmchen des Löwenzahns. Das reich schattierte Blätter- und Gräsergrün ist noch frisch.

Das Schlaubetal, dieser Name war den Berlinern unserer Eltern- und Großelterngeneration längst geläufig, ehe er nun wieder ins Gespräch über Ausflugsziele kommt. Das Heimatmuseum Müllrose vermittelt allerhand Kenntnisse davon. Beinahe rührend das vergilbte Plakat aus den Kinderjahren des Fremdenverkehrs, als das schöne, bildhafte Wort »Sommerfrische« gebräuchlich war. Werbetexte verhießen frischen Sommer; man brauchte bloß den altfränkisch angehauchten Aufforderungen zu folgen: »Besuchet Müllrose in der Mark, das Eingangstor zum Schlaubetal.«

Ein »Verschönerungs-Verein« war zugange. Die Berliner Krankenkassen griffen zu und erwarben für ihre Patienten ein Anrecht auf gute Luft und Ruhe: 1906/07 errichteten sie mitten im Wald eine Lungenheilstätte, jetzt Pflegeheim. In den zwanziger Jahren kamen die Hauptstädter vorzugsweise zum Wochenende heraus, ohne zu wissen, dass sie eine alte Grenzregion aufsuchten. Die Schlaube, eher ein Bach, bildete einst die Trennlinie zwischen Preußen und Sachsen. Weil der Dresdner Hof das Bündnis mit Napoleon nicht rechtzeitig löste und an der Seite des Franzosenkaisers die Leipziger Völkerschlacht 1813 mitverlor, entschied der Wiener Kongress 1815 zugunsten einer sozusagen rein preußischen Schlaube. Als Folge des Gebietsgewinns gehört seitdem das Flüsschen in seiner ganzen Länge und Breite zu Brandenburg. Die Länge kann freilich nicht genau angegeben werden, da die Kurfürsten und ihre Wasserbau-Experten beizeiten den Nutzen der Schlaube erkannten. Sie ließ sich gut einfügen in den Verlauf einer Oder-Spree-Verbindung, die im ersten Anlauf 1558 allerdings nicht zustande kam. Aber 1662–1668 wurde der Neue Graben oder Friedrich-Wilhelm-Kanal fertig, und der Schlaube-Unterlauf ist in jener Schifffahrtsstraße aufgegangen.

Über die Erstreckung des Schlaubetals, malerischster Teil des Bachlaufs, lässt sich hingegen sehr wohl Auskunft geben. Seine 20 Kilometer bilden dank der Eiszeit eine Erholungsregion, wie sie ähnlich vielgestaltig nicht oft vorkommt in Deutschland. Auf kürzester Distanz wechseln Wald und Wiese, See und Fließ, Talkessel und Hochfläche, Moor und Trockenrasen. Nahe dem Scherverzsee bietet sich der bizarre Anblick einer verwüsteten, entstellten Kiefernheide. Die Bäume konnten aus Nährstoffmangel nur verkrüppelt aufkommen. Als früher vom ohnehin mageren Waldboden die abgefallenen Nadeln weggesammelt und als Stallstreu verwendet wurden, unterblieb die wichtige Humusbildung.

Die Kleinstadt Müllrose liegt am unteren, nördlichen Ende der abwechslungsreichen Landschaft. Man erreicht sie rasch über die Autobahn Berliner Ring–Frankfurt (Oder); an der Ausfahrt Müllrose biegt man rechts ab und fährt noch elf Kilometer auf ordentlicher Landstraße. Wer gleich hierbleiben will, muss auf Wanderfreuden nicht verzichten. An einem Orientierungsplan in der Seeallee beginnt der Neun-Kilometer-Rundweg um den Großen Müllroser See. An ihm liegen zwei Bademöglichkeiten, was deshalb eigens erwähnt wird, weil man nicht überall im gewässerreichen Schlaubetal eintauchen soll und darf. Fischadler, Fischotter und womöglich die Fische selbst, allesamt vertreten durch engagierte Naturschützer, mögen das nicht.

Das Städtchen wurde 1432 Opfer der Hussiten, aber es hat sich bei anderer Gelegenheit seiner Haut zu wehren gewusst. Als die Herrschaft derer von Burgstorff um 1600 arg zu drücken begann – die Feudalen drangen auf einen wöchentlichen Hofdiensttag zu ihren Gunsten – fing ein jahrzehntelanges und letztlich erfolgreiches Prozessieren an. Geschlagene 50 Jahre wurde vor diversen Instanzen furchtlos gefochten, angefochten, durchgefochten; 1651 bestätigte endlich das Kammergericht, dass kein Müllroser Ackerbürger mehr als fünf Diensttage jährlich zu leisten habe. Wie seit 1536 verbrieft.

Was sich fast wie eine Schnurre liest, war bitterer Ernst der preußischen Provinz: Nach Einführung der Stein'schen Städteverordnung von 1808 konnte Müllrose lange Zeit keinen Bürgermeister bestallen, sprich: bezahlen. Die Stadtkasse gab nichts her. Dies änderte sich mit der Industrialisierung des mittelalterlichen Mühlengewerbes. 1865 ging eine florierende Dampfgroßmühle in Betrieb; die schlaubeaufwärts befindliche Ragower Mühle, erst 1968 stillgelegt, wurde gar Ziel einer unerwarteten Techniker-Reisewelle. Bis aus den USA kamen Ende des 19. Jahrhunderts Wissbegierige, um sich ein eigenes Bild zu machen von der Sensation einer frisch installierten horizontal drehenden Turbine.

Die Mühle wäre es wert, als technisches Denkmal öffentlich präsentiert zu werden. Doch hier hat der Landschaftsschutz Vorrang. Just um die Ragower Mühle, sechs Kilometer südlich von Müllrose, singt und zirpt, duftet und leuchtet die überwiegend heile Tier- und Pflanzenwelt auf eingangs angedeutete Weise dermaßen prachtvoll, dass ein noch so verständnisvoll auftretender Massentourismus fern gehalten werden sollte.

Selbstverständlich gilt das nicht für Wanderer, Radfahrer und solche Autobenutzer, die Durchfahrverbote und Parkplatzhinweise ernst nehmen. Außerdem täuschen einige ziemlich komfortable Asphaltstraßen hin zum Schlaubetal: Innerhalb der häufig überraschend schroffen, durch eiszeitliche Schmelzwässer ins Terrain

An der Ragower Mühle

gefrästen Täler und Geländeeinschnitte herrscht reinster Kopfsteinpflaster-Horror. Schwere Holzladungen der Forstwirtschaft haben obendrein geradezu schikanöse Absenkungen und Spurrinnen eingepresst. Der Wagen sollte daher besser rechtzeitig stehen gelassen werden.

Das Personal, das im Restaurant »Siehdichum« einheimische Spezialitäten wie Neuzeller Klosterbräu, Mixdorfer Spargel, Wellmitzer Champignons oder Forellen von der Bremsdorfer Mühle anbietet, lässt auf derlei Barrieren nichts kommen: »Wir werden uns doch keine Wettfahrten einzelner Unbelehrbarer heranorganisieren, indem wir die Straßenqualität verbessern!«

Sehr richtig; denn welche der 148 Vogelarten des Schlaubetals könnte sich gegen ein Auspuffröhren durchsetzen, das sogar das Röhren der ebenfalls vorkommenden Hirsche übertönen würde? Auf Waldwegen und Wiesenpfaden, am Schlaubeufer entlang oder zwischen mannshohen Farnen und am sandigen Rand der Pflasterstraßen ist Platz genug für viele Fußgänger. Die werden mit ihrem vielleicht manchmal lückenhaften Naturwissen nicht allein gelassen. Schautafeln beispielsweise über »Tiere am Waldsaum«, »Leben im See«, »Einheimische Laubbäume« sind so gescheit verteilt, dass nie der Eindruck von Überbelehrsamkeit entsteht.

Was nicht erklärt wird, auch nicht durch die Beitexte empfehlenswerter Wanderkarten: Am Schlaube-Westrand zieht sich eine Wasserscheide hin, stellenweise kaum breiter als eine Rufweite. Während die Schlaube über die Oder in die Ostsee entwässert, gluckert die als Wanderziel gleichfalls attraktive Ölse über Spree, Havel und Elbe in die Nordsee.

Ein kleiner Förster-Friedhof mitten im Wald zwischen Schervenz- und Hammersee erinnert an Zeiten, da »Siehdichum« das Jagdhaus des Abtes Gabriel vom Kloster Neuzelle war. Das Kloster wurde Stift, das Stift besaß Forsten, die zu bewirtschaften waren: Stets geschah Notwendiges mit Sachverstand.

Günther Bellmann

TIPPS ZUR TOUR

Im Stundentakt verkehrt ab Berlin-Lichtenberg bzw. Königs Wusterhausen (dorthin mit der S-Bahn) die RB 36 Richtung Frankfurt (Oder). Sie wird bis Grunow benutzt; Fahrzeit 137 oder 102 Minuten. Der Wander- oder Radfahrweg ins Schlaubetal verlängert sich dadurch, dass der Grunower Bahnhof einen guten Kilometer ortsauswärts liegt. Wer nach Müllrose möchte, fährt mit RB 36 einfach weiter.
Mit dem Auto wird Müllrose über die A 12 und die gleichnamige Ausfahrt erreicht, weiter elf Kilometer Landstraße wie oben beschrieben. Die Entfernung beträgt ab Berliner Ring/Autobahndreieck Spreeau 54 Kilometer.

SZENEN AUS DER ALTEN WELT

Nach Ketzür – Eine Radtour rund um den Beetzsee

Eigentlich kann man nicht über den Beetzsee schreiben, ohne Fritze Bollmann aus Brandenburg zu erwähnen. Jeder kennt das Lied von dem Frisör und Hobbyfischer, es gibt ihn als Brunnen und als Denkmal. Die Gesetze populärer Ikonographie kennen jedoch die Ausnahme des übergeordneten Notstandes, zum Beispiel diesen: Die Haare sind zu lang geworden. Tage vorher muss man sich anmelden und kommt dann in einer Art Labor mit Galerie-Einschlag zu liegen. Warmes Wasser rinnt über die Kopfhaut, während einen der behandelnde Hairstylist mit ausgewählten Kapiteln seiner Lebensführung vertraut macht: Hochseeangeln vor Florida letzten November zum Beispiel.

»Nur die Angel ward gerettet, Fritze Bollmann der versuff«, erinnert man sich, während über einem ein völlig unertrunkener Haareschneider im Designerhemd hantiert. Sozialneid beschleicht einen, und man beschließt, nicht wiederzukommen und obendrein aus eventuellen Beetzsee-Artikeln jeden Frisör zu streichen.

Milde stimmt einen der Wohlstand anderer Leute dagegen, wenn er lange genug vergangen ist und sich obendrein in schönen Dingen niedergeschlagen hat, die man noch betrachten kann, während die Stifter längst der grüne Rasen deckt. Ketzür ist so ein Beispiel: Ketzür am Beetzsee gelegen, 15 Kilometer nördlich Brandenburgs, weiland leicht zu erreichen mit der »West-Havelländischen-Kreis-Bahn« – abgekürzt WHKB, was der Volksmund mit Wilhelm-Hat-Krumme-Beene übersetzte; gäbe es sie bloß noch, ein Schmuckstück wäre die Bahn und eine Fremdenattraktion erster Güte. So aber ist guter Rat teuer, jedenfalls, wenn man die Tour mit dem Rad zurücklegen möchte. Busse gibt es zwar, aber dann

Das Epitaph in der Kirche von Ketzür

steht man da, und zu Fuß sind die 25 Kilometer um den See vielleicht doch ein bisschen viel.

Startpunkt der Fahrradrundfahrt ist das Örtchen Päwesin mit einer hübschen, auf altem Kirchhügel gelegenen Barockkirche von 1727/28. Hinter dem Dorf führt eine Brücke in das nahe Bagow, dessen zur Restaurierung bis aufs Fachwerk auseinander genommenes Kirchlein im märkischen Vergleich zu den ganz jungen Bauten gehört; 1907/08 wurde es von Georg Büttner errichtet. Nach zwei weiteren Kilometern liegt am Seeufer das Hotel »Bollmannsruh«. Ob der Friseur dort irgendwie konserviert wurde? Wie der Ritter Kahlbutz vielleicht, samt Angel als eine Art »Held der sinnvollen Freizeitgestaltung« (des Angelns, nicht des Ertrinkens halber)?

Links geht es jetzt ab nach Ketzür, das samt seiner Windmühle auf einer Landzunge liegt. Der große Kasten zur Rechten in der Ortsmitte ist das ehemalige Gut, kaum noch als der Renaissancebau zu erkennen, der es ursprünglich war. Das schöne alte Pfarrhaus gegenüber hinter Bäumen ist lange verwaist; jetzt wohnt ein Restaurator darin, der sich havelländischer Kirchen annimmt. Einen passenderen Geschäftssitz hätte er kaum finden können, denn direkt daneben steht eine der bemerkenswertesten Dorfkirchen Brandenburgs. Er verwaltet auch den Schlüssel zur Kirche.

Mag die Landschaft um den Beetzsee mit Moränenhügeln, einem ständig wechselnden Blick auf Wald und Seeufer auch hübsch sein, das eigentliche Ziel unseres Ausflugs ist die Kirche von Ketzür mit einer Innenausstattung, wie sie kaum ein anderes Kirchlein hierherum bietet.

Trotz vieler Bäume auf dem Kirchhof erkennt man auf den ersten Blick: Die lapidare Wucht vieler märkischer Kirchen der Frühzeit fehlt der Ketzürer völlig. Der Baukörper strebt mehr in die Breite als in die Höhe, statt einfacher Formen zeigt er Vor- und Rücksprünge, Fachwerkanbauten, Dächelchen und schließlich auf der Friedhofseite im Osten einen veritablen Renaissancegiebel.

Drinnen sieht man, dass die Kirche aus zwei hintereinander liegenden Schiffen besteht, die im stumpfen Winkel aufeinander stoßen und durch einen bemalten Triumphbogen miteinander verbunden sind. Fast darunter steht die schöne Renaissancekanzel, wohl damit der Prediger in beiden Teilen zu verstehen war. Das Ketzürer Prunkstück erscheint jedoch erst, wenn man an der Kanzel vorbei das vordere Schiff erreicht hat: Ein Epitaph links an der Nordwand, aber was für eins! Größer als der Altar und selbst durchaus altarähnlich, reicht es mit seinem Figurenschmuck bis unter die bemalte Decke, der oberste Engel muss sogar den Kopf neigen, um nicht anzustoßen. Unten tragen Adam und Eva eine Sandsteinplatte, auf der zehn Vollfiguren in halber Lebensgröße knien, links drei Männer, Edelleute im Harnisch, hinter ihnen, zwergenhaft klein, ein Knabe; auf der rechten Seite, sechs Frauengestalten, alle gleich gekleidet mit Mänteln, Hauben und getollten Kragen. Hinter den Plastiken erhebt sich ein dreistöckiger Aufbau aus schwarzem Marmor, darin Alabasterreliefs mit Bildern zur Erlösungsgeschichte des Menschen.

SZENEN AUS DER ALTEN WELT

Die da knien mit feierlich gefalteten Händen, sind Heino von Brösigke und seine Familie: Voran er selbst und seine Gemahlin Elisabeth von Hacke, hinter ihnen sieben Kinder – zwei Söhne und fünf Töchter; das Knäblein ist der Enkel Thomas. Die von Brösigkes saßen damals bereits seit 200 Jahren in Ketzür, und weitere zwei Jahrzehnte sollten noch folgen, bevor die Herrschaft in andere Hände kam. Als der alte Heino von Brösigke, er war 1525 in Ketzür geboren, den Umbau der Dorfkirche zur großartigen Grablege seines Geschlechts in Auftrag gab, lag ein langes Leben in brandenburgischen und magdeburgischen Diensten hinter ihm. Aus zwölf Feldzügen war er gesund heimgekehrt, ein mittleres Wunder. Zwei Mal war er mit Kaiser Karl V. vor die Stadt Metz gezogen, dreimal als Leibjunker des Kurfürsten Joachim II. gegen die Ungarn.

Aus Dankbarkeit für so viel göttlichen Schutz – sein Bruder zum Beispiel war 1566 vor Metz gefallen – ließ er nun das kleine siebeneckige Ketzürer Kirchlein um ein chorartiges zweites Schiff erweitern, das größer war als der gesamte ursprüngliche Bau, gab einen neuen Altar in Auftrag, eine neue Kanzel, eine Taufe und zuletzt das prächtige Epitaph, dessen Fertigstellung 1613 er nicht mehr erleben sollte; er starb 1609. Der Bildhauer des Denkmals hieß Christoph Dehne und stammte aus Magdeburg, wo Heino von Brösigke Domherr war. Dehne muss sehr produktiv gewesen sein, und seine Grabmäler galten bei Familien, die sie sich leisten konnten, als Statussymbol.

»Die alte Welt« nennen die Dorfbewohner das Epitaph. Die Vielzahl der Bilder und Figuren bilden tatsächlich eine Welt ab, eine statische Welt der immerwährenden Bezüge des Menschen zu Gott, handgreiflich basierend auf dem Sündenfall und überstrahlt von der Heilswahrheit. Vielleicht aber erkannten sich die Bauern auch bloß auf unangenehme Weise in den förmlich unter der Last des Denkmals ächzenden Sandsteinfiguren der Ureltern wieder, und der alte Spruch kam ihnen in den Sinn: »Als Adam grub und Eva spann – wo war denn da der Edelmann?«

Wir verlassen Ketzür, wie wir gekommen sind, und biegen an der Straße nach links ab in Richtung Butzow mit seinen Campingplätzen und Ferienhäusern. Kurz darauf geht es links über eine Brücke auf die andere Seeseite, und gleich herrschen wieder Einsamkeit und Stille.

Eine lange Chaussee führt auf das Örtchen Grabow zu, Ketzür gegenüber, und beim Treten denken wir darüber nach, was für ein merkwürdiger See der Beetzsee ist: Mehr als 20 Kilometer lang, aber selten breiter als ein paar 100 Meter, gleicht er mit seinen zahllosen Windungen eher einem Fluss; stellenweise, wie eben an der Brücke, wird er sogar zum Rinnsal. Die Berliner hätten so eine Schmalung vermutlich zum Anlass für einen Namenswechsel genommen und meinetwegen auf den Beetzsee den Ketzürer See folgen lassen. Hier denkt man offensichtlich anders.

Das nächste Dorf heißt Lünow. Ans Ufer kommt man, wie oft im Umland, kaum heran, überall Datschen. Unser Weg führt an der Kirche vorbei, seelängs. Die Hügel jenseits bieten ein schönes Bild. Möglicherweise, male ich mir aus, hatten ja die Brandenburger Barbiere nur Angelkarten für den Beetzsee und haben den dann einfach großzügig ausgedehnt? Rekordverdächtig ist das Gewässer auf alle Fälle. Ob es vielleicht der längste See der Mark ist? Kurz vor Päwesin, unserem Ausgangsort – der Weg führt nochmal zur Straße zurück – fällt es uns dann ein: Der Beetzsee ist der schmalste See, in dem je ein Brandenburger Frisör ertrunken ist.

Michael Winteroll

Tipps zur Tour

Autofahrer erreichen den Beetzsee entweder über die Autobahn Richtung Hannover bis Brandenburg oder von Spandau aus über die B 5 bis kurz hinter Wustermark und dann auf Landstraßen weiter über Wernitz, Tremmen, Gohlitz, Wachow, Päwesin.

Mit der Bahn fährt man ab Zoo im Stundentakt nach Brandenburg, Fahrzeit 38 Minuten, von dort erreicht man per Rad leicht die Strecke des Rundkurses.

BRANDENBURGER TOR IN DER UCKERMARK

Wolfshagen hält sich an sein preußisches Erbe

Wolfshagen am äußersten Nordwestrand der Uckermark ist ein Grenzfall. Durch schüttere, gleichwohl komfortabel asphaltierte Allee fährt man aus Richtung Prenzlau hinein in das Dorf. Kaum ist man auf der anderen Seite wieder draußen, verdichten sich die schönen Baumreihen, und der Tagestourist befindet sich in Mecklenburg-Vorpommern. Wollte er womöglich gar nicht, so wie Wolfshagens Vize-Bürgermeister Lothar Holzmeier.

Der leidenschaftliche Brandenburger fühlte sich jahrzehntelang überkreuz mit einer rigiden DDR-Maßnahme aus der Zeit kurz vor seiner Geburt. 1952 waren die überkommenen fünf Länder zu 15 Bezirken zerschlagen worden, angeblich »entspr. den polit.-staatl., ökonom. und kulturellen Erfordernissen des sozialist. Aufbaus«, wie ein zeitgenössisches Lexikon formulierte. Dabei hätte der Bezirk Neubrandenburg im östlichen Mecklenburg flächenmäßig recht dürftig ausgesehen. Weshalb einfach vom brandenburgischen Kreis Prenzlau zwangsweise ein Zipfel abgetrennt und dem »fremden« Nachbarkreis Strasburg angeflickt wurde, den Wolfshagenern mochte es gefallen oder nicht.

Den meisten missfiel's. Ihr permanenter stiller Groll verschaffte sich Luft, als mit Rückkehr der einstigen Länderstruktur nach der Wende alles beim Alten blieb. Abermals fand sich niemand gefragt, ob er Mecklenburger sein wollte. Doch jetzt wurde Demokratie – nein, nicht gleich richtig praktiziert, erst mal geübt. 1991/92 veranstalteten die ausdauernden Dörfler nicht weniger als drei (!) Volksbefragungen über ihre künftige Landeszugehörigkeit. Zwei mussten wegen irgendwelcher Formfehler annulliert werden, die dritte ergab gültig: Wir möchten zurück.

Das hörte die Schweriner Regierung nicht gern, genauer: Sie hörte überhaupt nicht hin. Da schlug die Stunde des Lothar Holzmeier. Zusammen mit etlichen Getreuen bestieg er einen eigens gemieteten Bus Richtung Schwerin. Die listigen Wunsch-Brandenburger hatten einen Termin abgepasst, an dem dort der Landtag beriet – der den uneingeladenen widerborstigen Besuch aussperrte vom Schlossgelände, auf das die Wolfshagener jedoch generalstabsmäßig von hinten vordrangen. Zuletzt fiel die Festung gänzlich, auch die administrative. Wolfshagen ist wieder märkisch in reinster Form: uckermärkisch.

Die nicht mehr brandneue Geschichte wird hier rekapituliert, weil sie den Geist des abgelegenen Ortes verdeutlicht. Das Dorf hat infolge des Krieges sein Schloss mit einem der wertvollsten brandenburgischen Adelsarchive verloren. Das Dorf musste jüngst die bekannten wirtschaftlichen Rückschläge hinnehmen. Das Dorf ist finanzschwach.

Dennoch resigniert es nicht. Wolfshagen macht etwas aus dem stattlichen Rest des Überkommenen. Es hält sich und einer wachsenden Zahl von Besuchern seine rühmliche Historie und deren allmählich reaktivierte Zeugnisse bewusst. Auf 400 Einwohner entfallen 31 Bauwerke »von nationaler Bedeutung«, die ihre Originalgestalt natürlich nicht im Selbstlauf zurückgewinnen. Aber man bewegt vieles, in kleinen Schritten, zielbewusst. Gerade solche Hartnäckigkeit war es ja, die den Erfolg von Schwerin möglich machte.

Tagestouristen werden nicht allein gelassen mit Wolfshagens Sehenswürdigkeiten. Birgit Biadacz verfasste eine ansprechende Broschüre, die nicht nur – wie anderwärts gelegentlich zu beobachten – im Gemeindebüro erhältlich ist und außerhalb der Dienststunden nirgends. Man bekommt das farbig illustrierte Heft auch in den örtlichen Gaststätten. Zuerst beschreibt es das eigenartigste Denkmal, die Königssäule, deutschlandweit ohne Beispiel.

Der Name ist irreführend; es geht nicht vordergründig um devote Ehrung einer verblichenen Majestät, son-

BRANDENBURGER TOR

dern um staatsbürgerliches Selbstbewusstsein. Die Wolfshagener Grafen von Schwerin lagen seit 1738 mit den Hohenzollern in einem Rechtsstreit um ländliche Besitzungen, fast 100 Jahre lang. 1833 endlich gab Friedrich Wilhelm III. zu Gunsten seiner uckermärkischen Kontrahenten nach, worauf die den 17-Meter-Obelisken hinstellten. Zwar preist das unlängst attraktiv aufgeputzte Monument den Gerechtigkeitssinn des Königs, doch nicht ohne jene durchgreifenden Neuerungen zu rühmen, die mit den Stein-Hardenbergschen Reformen im frühen 19. Jahrhundert über Preußen kamen: *Criminalordnung, Aufhebung der Unterthänigkeit und der Zwangsrechte, Gemeindetheilungsordnung.* Die Schwerins, überzeugt zu den Reformern stehend, errichteten zugleich sich selbst ein eigenes Denkmal.

Die Geschichte des Landes hatten sie längst mitgeschrieben. Otto von Schwerin als eine Art brandenburgischer Kanzler, außerdem Erzieher der Söhne des Großen Kurfürsten; Feldmarschall Kurt Christoph von Schwerin, vormals gefeierter Sieger der Schlacht bei Mollwitz, im Siebenjährigen Krieg 1757 vor Prag gefallen, betrauert von Friedrich II.; Wilhelm von Schwerin, der am 10. April 1814 in Berlin einen unbeschreiblichen Freudentaumel auslöste: Nach neuntägigem Gewaltritt von Paris her überbrachte er, begleitet von 24 aus Leibeskräften blasenden Postillionen, die Nachricht vom preußischen Einzug in die Hauptstadt Napoleons. Ein Jahr darauf traf es ihn tödlich bei Waterloo.

Das Wolfshagener Erbbegräbnis der Familie ist erhalten, zwar weniger kunstvoll ausgeführt als das der Itzenplitzens in Kunersdorf (Märkisch Oderland), jedoch ebenfalls besichtigenswert dank der Hinweise auf militärische Ränge und sonstige Laufbahnen der Bestatteten. Durch die Gittertür der Mittelhalle sind drei Eichensärge zu erkennen. Die Epitaphe rechts und links sprechen von Fähndrichen, Lieutenants, Rittmeistern und Majoren der Garde-Cürassiere oder der Cavallerie. Ein Schwerin wurde als Erbkämmerer der Mark Brandenburg beigesetzt, ein anderer als Avantageur im Regiment der traditionsreichen Zieten-Husaren.

Die Wolfshagener Königssäule

Brandenburger Tor

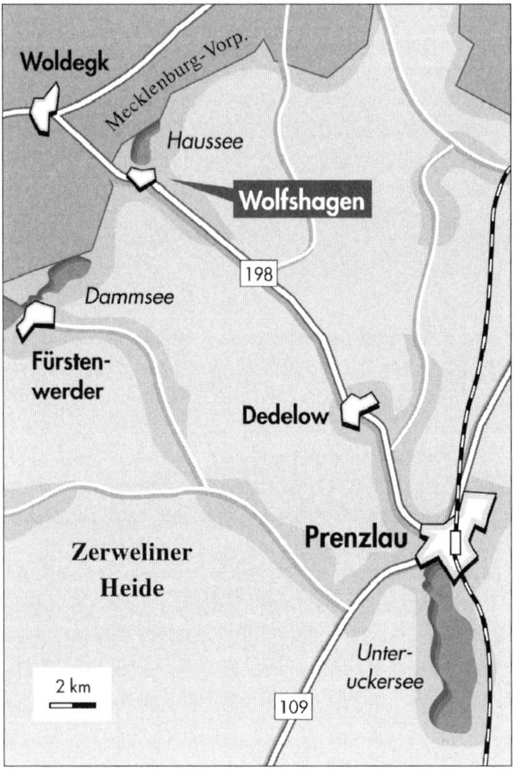

Zu alldem passt, Lindenweg dorfauswärts, ein überraschendes Bauwerk, schier surrealistisch wirkend in der Nachbarschaft modern-properer Einfamilienhäuser. Die Übersichtskarte des kleinen Wolfshagen-Guide führt es unter der laufenden Nummer 11 als »Ehrenpforte«, eine einheimische Radlerin ruft im Vorbeifahren die volkstümliche Bezeichnung herüber: »Das ist unser Brandenburger Tor.« Tatsächlich besteht entfernte Ähnlichkeit. Errichtet wurde der erstaunlich dauerhafte Triumphbogen anno 1871 anläßlich des Sieges über Frankreich. Ehedem gewährte er Durchblick zum verschwundenen Schloss.

Davon ist eine Menge übrig geblieben, hauptsächlich ein mächtiger Speicher. Seitab: die pittoreske neugotische Kirche, rekonstruiert. Überholt ist auch die merkwürdige bruchsteinerne Fliesen-, richtig Fließbrücke, infolge Verlandung des malerischen Haussees hinter dem Dorf mit ihren acht Bögen nur mehr Wiese überspannend. Und Zugang gewährend in eine gut zu erwandernde, erholsame Landschaft, die der allgegenwärtige Gartenkünstler Peter Joseph Lenné mitgestaltete.

Die Wolfshagener Schlusspointe steht auf akkuratem Schildchen an einem Gartenzaun: »Wir verkaufen Schlachtkaninchen, ganz oder zerlegt.« Die Offerte passt zur regsamen märkischen Provinz.

Günther Bellmann

Tipps zur Tour Wolfshagen besitzt keinen Bahnanschluss. Radfahrer erreichen den Ort von Prenzlau aus (dorthin im Stundentakt ab Berlin Ostbahnhof binnen 90 Minuten mit Zügen der Linie RE 3) sehr gut auf der B 198 – reichlich 20 Kilometer. Autotouristen benutzen die A 11 Richtung Stettin bis zur Ausfahrt Prenzlau und dann ebenfalls die B 198.

DURCH WIPPWIESEN AM KRUMMEN WASSER ENTLANG

Das Briesetal zwischen Wandlitz und Birkenwerder

Im Sommer ist leicht spazieren gehen. Aber im Winter? Ein platter Acker, brandenburgisch und weiß bis zum trüben Horizont, wirkt schlicht öde, meist bläst dazu noch ein ekliger Wind. Und jene oberirdischen Spargelplantagen, die hart gesottene Forstleute »Wald« nennen, sind nie so fade wie eben jetzt; nicht mal nach Pilzen riechen sie mehr. Da braucht es schon allerhand, um uns aus dem Sessel und vors Haus zu locken: Busch- und Strauchwerk zum Beispiel sollten die Stämme wohl gemischter Baumgruppen umstehen, das gefällt dem Auge auch ohne Blätter. Der schmale Weg müsste auf wechselndem Grund über Buckel und Hügel laufen, damit wir nicht auf den Gedanken kommen, wir seien im Tiergarten. Der Blick aber sollte einem krummen Wasser folgen dürfen, das vielleicht soeben sachte zuzufrieren beginnt. Zwischen den Erlenstämmen könnten sich erste Eisinseln gebildet haben und am toten Holz im Bach bizarre Spielereien aus Glas, wie für ein spätes Weihnachten. So einen Winterspaziergang ließen wir uns gefallen. Leider sind Szenerien dieser Art eher selten in der Mark und dem Fläming vorbehalten, dem Schlaubetal oder der Märkischen Schweiz. Die aber liegen ein bisschen weit weg für »eben mal vor die Tür«.

Es gibt da jedoch das Briesetal dicht hinter dem nördlichen Stadtrand, zwischen Birkenwerder und Wandlitz. Hier ist alles wie erträumt. Zwar sind wir erstmal erschrocken über die geparkte Automenge. Aber es verläuft sich, nach einer Viertelstunde sind wir allein. Verfehlen kann man den Weg nicht, einfach immer am Bach entlang.

Eine Freundin wandert mit uns, die hierherum aufgewachsen ist, und wir lassen uns Geschichten erzählen aus einer märkischen Kinderzeit nach dem Krieg: Ziegen

An der Briese

gab es, Kaninchen und alle Art Geflügel. Der Garten war riesig. Gekauft werden musste wenig. Für Nylonstrümpfe und Bohnenkaffee brauchte man jedoch ab und zu harte Währung. Dann mussten per Fahrrad und S-Bahn Blumen und Obst in den Westen Berlins geschafft werden. Erwischen lassen durfte man sich dabei allerdings nicht. Wirtschaftsvergehen hieß das. Für eine Tüte im Westen gekaufter Eisennägel (um Dachpappe anzunageln) ist ein Dorfbewohner ins Gefängnis gegangen. Man musste sich schon etwas einfallen lassen, wie der Bäcker von gegenüber, der sich dem Kontrollblick des Grenzers in die Aktentasche entzog, indem er deren Inhaltsleere durch demonstratives Baumelnlassen am kleinen Finger so sinnfällig bewies, dass sich der Taschengucker am S-Bahnausgang täuschen ließ. Er konnte ja nicht ahnen, dass der Handwerksmeister hart trainiert hatte: a. die Kunst, 50 Hühnereier ganz flach zu verpacken und b. die Muskulatur des kleinen Fingers.

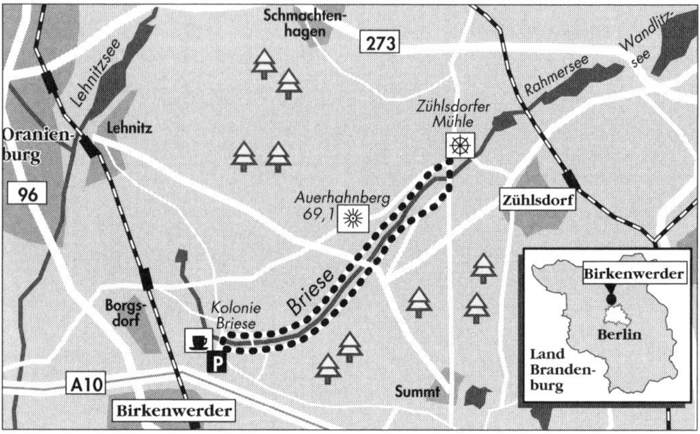

Inzwischen sind wir an der Hubertusbrücke angelangt, erste Möglichkeit, das Wasser zu queren und auf der anderen Seite zurückzulaufen, das wäre dann eine kurze Rundwanderung von etwa einer Stunde. Wir aber wollen wissen, wie es weitergeht mit der Briese. Geradezu hat das Wasser den Talboden überschwemmt, zwischen den Erlen steht dünnes Eis, auf den Stämmen sitzt Reif. Ein überfrorener Sumpf. Die Kinder seinerzeit nutzten so etwas auf ihre Weise. Sie besaßen ihre »Wippwiese«, ein Stück schwimmendes Moor, wo der Boden unter den Füßen schwingend nachgab; heute steht so etwas in der Regel unter Naturschutz.

Links und rechts steigen die Ufer steil an. Die Straße von Summt nach Lehnitz kreuzt das Tal zwei Kilometer weiter auf hoher Steinbrücke: Die nächste Gelegenheit zur Umkehr. Noch eine ganze Weile fließt der Bach in schmaler Waldschlucht dahin. Schließlich öffnet sie sich Richtung Zühlsdorf und breitet sich zur Aue, der Pfad verlässt das Ufer: Man ahnt nur noch, wo ungefähr die Briese fließt.

Wir empfehlen: Hier (siehe Karte) nach links abbiegen und auf dem anderen Ufer des Fließes zurück. Nach ein paar hundert Metern kommt eine Ponyweide. Attraktion für mitwandernde Kinder. Der Bauer betreibt einen improvisierten Ausschank im Freien. Kaffee und Kuchen oder – der Jahreszeit entsprechend – Glühwein gibt es. Katzen und Hühner laufen herum. Uns ist zu kalt für eine Rast.

Von nun an begleiten rechter Hand Schilder »Betreten verboten. Militärisches Sperrgebiet« den Weg. Das bringt das Gespräch auf die Russen. Damals waren sie allgegenwärtig. Man traf sie beim Pilzesuchen und beim Baden. Näheren Kontakt gab es nicht. Das Grundstück der Eltern lag an der Chaussee nach Berlin. Russenlaster waren nichs Besonderes. Bis es eines Sonntags Mitte Juni 1953 Besorgnis erregend viele wurden. Kolonne auf Kolonne rollte Richtung Berlin. Nach und nach versammelte sich die Nachbarschaft am Gartenzaun. Niemand wusste, was das geben würde, gedrückte Stimmung.

Mehr als zwei Stunden sind wir jetzt unterwegs, die Entfernung in der Karte täuscht leicht, der Weg folgt allen Windungen des Baches. Vor uns hängt die orangene Wintersonne schon tief in den Wipfeln.

Verwandtschaft lebt keine mehr im Heimatdorf. Alle sind früher oder später gegangen. Sie selbst hat es als ganz junge Frau wenige Wochen vor dem Mauerbau aus märkischer Enge in die Welt getrieben. Wohnungen und Häuser der Kindheit sind längst in anderen Händen. Die Wälder, Kinderspielplatz von einst, liegen heute zersiedelt da von der Datschenkultur späterer Jahrzehnte. Bekannte Gesichter gab es bei Besuchen aber noch genug. Alte Namen fallen ihr ein, Spitznamen meist, deren Anlässe und Ursachen dem Gedächtnis halb entfallen sind. Warum hieß eine Wirtin doch gleich »Schlüpferfrieda« und ein alter Konsumladen »Blaue Grotte«? Aus einem sonnigen Wintertag ist ein trüber Spätnachmittag geworden. Eine Schneewanderung der klassischen Art. Wir freuen uns auf den Grog im »Briesekrug«.

Falls Sie übrigens erst in ein paar Wochen Zeit haben sollten, möchte ich Ihnen zum Schluss ein Geheimnis nicht vorenthalten. Es stammt aus einem Wanderführer der zwanziger Jahre: »Wo in der Mark zieht der Frühling zuerst ein?«, wird dort gefragt und der Tourist dann eben hierher geschickt, ins Briesetal, wo Windschutz und Feuchtigkeit manches früher blühen lassen als anderswo: »Da sprießen die Schneeglöckchen, das Leberblümchen entfaltet seine blassviolette Blüte; an den Haselnusssträuchern hängen Kätzchen, an den Weiden Samtpfötchen, rote Triebe an den Heckenrosen und gelbes Gehänge an den Weiden«: Die Briese ist eben eine echte Doppelbegabung.

Michael Winteroll

Tipps zur Tour

Die 15 Kilometer lange Rundwanderung beginnt und endet an der Waldgaststätte »Briesekrug«, Telefon: (0 33 03) 40 32 82, in der Kolonie Briese bei Birkenwerder. Leider fährt kein Bus dorthin. Vom Bahnhof Birkenwerder sind es 2,5 Kilometer durch den Wald, was insgesamt zu einer Strecke von 20 Kilometern führen würde. Eine Alternative: Vom S-Bahnhof Mönchmühle mit dem Bus 806 in 12 Minuten nach Zühlsdorf-Gemeindeamt und von dort über die Zühlsdorfer Mühle auf den Wanderweg Briesetal; Rückfahrmöglichkeiten ab Zühlsdorf Gemeindeamt zum S-Bahnhof Mönchmühle.
Autofahrer nehmen vom Berliner Ring die Abfahrt Birkenwerder.

REGISTER

REGISTER

REGISTER